致敬亲爱的朋友,高世实践科学派!

冯卫东,

科学创业系列丛书

升级定位

POSITION ORIENTED STRATEGY

冯卫东 著

机械工业出版社
China Machine Press

图书在版编目（CIP）数据

升级定位 / 冯卫东著 . —北京：机械工业出版社，2020.7（2025.4 重印）
（科学创业系列丛书）

ISBN 978-7-111-65819-1

I. 升⋯　II. 冯⋯　III. 企业管理 – 品牌战略 – 研究　IV. F273.2

中国版本图书馆 CIP 数据核字（2020）第 098317 号

升级定位

出版发行：机械工业出版社（北京市西城区百万庄大街 22 号　邮政编码：100037）	
责任编辑：郭超敏	责任校对：殷　虹
印　　刷：北京机工印刷厂有限公司	版　次：2025 年 4 月第 1 版第 13 次印刷
开　　本：170mm×230mm　1/16	印　张：17.75
书　　号：ISBN 978-7-111-65819-1	定　价：69.00 元

客服电话：(010) 88361066　68326294

版权所有 • 侵权必究
封底无防伪标均为盗版

科学创业系列丛书说明

一个国家,只有创业密度和创业质量都足够高,经济才能释放生生不息的发展活力。

然而,创业的"学费"正成为整个社会经济的最大浪费。现实中的创业失败率居高不下,很多企业"九死一生",每年会有数以千亿的创业浪费,其主要原因之一就是缺乏行之有效的创业教育,很多人是凭经验和直觉创业。

实际上,创业是一门科学,一门由多元学科组合的应用科学。

为了寻找、发展和验证创业所需的科学方法论,高维学堂联合数十位"有学科理论、有实践经验"的实战导师,于2015年发起了"科学创业"的教研、教学、实践落地的活动。

历时5年,40多门创业知识的重新开发,600多场线下课程的教学改进,13 000多位创始人的实践检验和反馈迭代,终有雏形。在机械工业出版社的鼓励和支持下,各位导师和高维学堂决定将这一系列的认知成果作为科学创业系列丛书出版。

丛书旨在将这套行之有效的科学创业方法论,传播给更多有需要的创业者，其中的每一个知识模块，既相互独立，又环环相扣，底层逻辑多有共通之处，彼此不断检视、验证其科学性与实用性。我们将共同致力于让企业少走弯路，提高创业成功率，加速企业成长。

林传科

科学创业系列丛书编委会学术主任

高维学堂创始人

赞 誉

升级定位和精益创业实现了有效对接，消除了传统定位的弊端，让定位实践不再是一种高风险的孤注一掷（all in）行为。

——龚焱　中欧国际工商学院教授

冯卫东先生是中国定位界杰出的投资人，也是投资界杰出的定位理论学习者和实践者。《升级定位》体现了他运用定位观念，在投资实践中形成的独特理解和思考，其视野和深度远胜时下鱼龙混杂的普通定位培训师，值得企业家和营销界、品牌界人士细读。

——张云　里斯（中国）合伙人

《升级定位》清晰地描绘出消费者的心智地图，其中融入众多实战案例，系统性地解构中国品牌如何打赢抢占消费者心智的终极战争。面对不确定性的市场竞争，许多疑惑在我读完这本书后都迎刃而解。

——江南春　分众传媒创始人

著名投资人冯卫东对定位的研究不是纯理论研究，而是结合他在大消费领域多年的丰富投资实践来研究，他按这套体系选择创业者，投资创业者。希望《升级定位》这本书能辅导更多创业者，帮助他们重新定位，在商业竞争中脱颖而出。

——牛文文　创业黑马董事长

《升级定位》绝对是冯卫东老师多年来经验教训的用心总结，这本书清晰精准地阐述了定位的方向和方法，无论对企业家、创业者、品牌人还是项目投资人都是智慧锦囊。

——余惠勇　百果园创始人

冯卫东先生是我见过的对定位理论理解最深刻的人。他的新书《升级定位》内容体系完备，可操作性极强。全书将理论工具化、清单化，是一本实用的指导手册。

——王川　小米集团联合创始人、首席战略官

冯卫东的《升级定位》把定位理论的落地实操，尤其是在中国商业界的灵活应用，扎扎实实地向前推进了一大步。

——雕爷　阿芙精油、河狸家创始人

在消费升级的背景下，中国市场上消费品牌的创新风起云涌，作为专注消费品领域的专业投资人，冯卫东先生站在企业家的视角深度思考品牌定位的底层逻辑和思维模型，并总结提炼了可操作的方法论。《升级定位》值得每一位品牌经营者深度借鉴。

——陶石泉　江小白创始人

我时常对解释力太强的理论保持警惕之心，认为一种科学的商业理论应该不断生长迭代，越来越深，越来越新；我亦认为一个好的理

论不应该只有圈内互赏的价值,而应该具备更高的现实价值,可被习得,可被应用。冯卫东老师的《升级定位》完全符合我心中对于"好理论"的期望,它是对经典"定位理论"的延展丰富,更适合新时期的需求,又将理论进行了细化拆解,给读者在实战中的应用提供了梯子。

——李云龙　混沌大学增长学院负责人,增长研习社发起人

品牌竞争的终极战场是顾客心智,CMO 的核心价值是在心智战场上不断产生有利于企业的认知变化。冯卫东老师的《升级定位》对营销人的帮助很大,它在传统定位理论上进行了系统升级,也推动了"定位"这一理论在中国这块土壤中的真正落地。我们会将这本书推荐给中国更多的 CMO 深入学习和实践,让营销人少走弯路。

——班丽婵　首席营销官(CMO)训练营创始人、CEO

当你学习一门学科,最重要的并不是学习海量的知识,而是花费大量的时间,从不同视角彻底掌握这门学科的底层原理。对营销来说,定位思想就是关键的底层原理之一,每个想要学习营销的人都应该深入理解、多次学习。冯卫东老师的《升级定位》可以让读者在特劳特之外,看到另一个层面的深入挖掘和理解。

——李叫兽　知名自媒体人

冯卫东老师是一位执着且严谨的定位理论升级者,他让定位理论不再是"运用之妙,存乎一心",也不再属于大投放金主的专属"奢侈品"。如果你大脑中没有一张清晰的作战地图,那么创业路上请你

稍停片刻，读完《升级定位》再启程。

——贾大宇　正阳公关创始人

商业理论林林总总，非常遗憾大多数都是局部的经验性总结，对实践的指导意义非常有限。而定位理论拥有坚实的科学基础，它在众多的商业实践中被一再证明是正确的。冯卫东老师的《升级定位》深入浅出，带我们以科学的思想经营事业，摆脱"拍脑袋""拍胸脯"做决策的风险，是每一位企业家的必修课。

——陈琪　蘑菇街创始人

品牌要成功，最重要的是在顾客心智中牢牢占有某个心智资源。冯卫东老师在消费品投资领域深耕多年，一直在实践定位理论，相信《升级定位》能给更多创始人启发，帮助他们走得更远更好。

——奈雪　奈雪的茶创始人

《升级定位》应成为所有创业团队的第一门课，它由外部顾客牵引内部运营，既有战略层面的高屋建瓴，又有配称层面的翔实落地，是一部实用至上的商战宝典。

——刘军　升级定位研究院执行院长
原正和岛私董会总经理

前　言

少走弯路，不踩大坑

定位理论诞生于20世纪70年代初的美国，当时，艾·里斯和杰克·特劳特两人合著了《定位》一书，从此营销界就出现了一个绕不开的术语——定位。此后40多年中，两位大师陆续出版了20多本定位系列书，对美国营销界产生了巨大影响。

20世纪90年代，定位理论传到了中国。早期学习定位理论的不少企业家都取得了很大的成功，比如创立蒙牛乳业的牛根生、创立巨人集团的史玉柱。到了互联网时代，则涌现出一批学过定位的互联网企业家，比如分众传媒的江南春、小米科技的雷军、360的周鸿祎……

定位理论在中国咨询界也越来越普及。在定位咨询机构的帮助下，近10来年中国涌现出了一批成功或阶段性成功的案例，比如王老吉凉茶、长城汽车、东阿阿胶、六个核桃、瓜子二手车等。定位理论在中国的传播正在创造新的实践和新的理论成果，其中也包括我个人的一些贡献。

我最初学习定位是因为做投资的需要。有一段时间，天图资本不仅内部学习定位，还鼓励天图投资的企业学习定位、接受定位咨询。毫不隐瞒地说，学习定位有正面效果，但也有坑，甚至是大坑。定位圈流传着一句话，"定位一学就会，一用就错"，而圈内某些大咖却自得于"运用之妙，存乎一心"。

作为科学方法论的坚定支持者，我认为"运用之妙，存乎一心"的状态表明定位理论还不够完善，需要发展。正如普通人用菜刀削水果皮，需要大量练习才能得心应手，然而用专门的削皮刀，通常立即就能上手。

科学的商业理论，必须像其他科学理论一样，具备可验证性、可重复性，甚至可以工具化、清单化。因此，我从经济学、管理学、精益创业、进化论等多元学科和理论中吸取养分，以此升级、完善定位理论，提出了顾客价值配方、战略二分法、品牌商业模式、品牌战略五阶段、品类三界论等新的理论，并总结出品类命名"八字诀"、品牌起名"四要"、定位广告"二语三性法则"等清单化工具。

除了把定位理论用于判断投资项目，天图还把定位理论用于自身品牌建设。从早期什么领域都投，到专注消费品投资，天图在投资界形成了较强的品牌影响力，投资了许多消费品类中数一数二的品牌，例如周黑鸭、百果园、奈雪的茶、德州扒鸡、鲍师傅、小红书、自如公寓、瓜子二手车、飞鹤奶粉、三顿半咖啡等。

当然这个过程并非一帆风顺，我们也交过上亿元的学费去填坑，才有了对定位理论的深入理解和发展，运用定位理论也更加得心应手。

为了让更多企业少走弯路，我开始在高维学堂、创业黑马、中欧创业营、混沌大学等创业社群讲授升级定位理论。不少学员感受到了定位理论的威力，向我反馈定位实践结果，使我能够超越狭隘的个人经验，实现定位理论的不断升级和有效落地。

学习的最大成本不是金钱，也不是时间，而是学了错误的知识，还付诸实践。 升级定位理论是我在商业实践中结合多元学科知识对定位理论的系统升级，虽然还不够完备，但能帮助企业避免许多方向性错误，加上自己的灵活应变，企业就能少走弯路，不踩大坑，大幅提升成功概率。

为了方便大家视觉化记忆关于升级定位理论的关键知识点，在本书的封面后勒口印有一个二维码，大家可以扫描该二维码获取24张知识卡片及更多学习资料。

目　录

科学创业系列丛书说明

赞誉

前言　少走弯路，不踩大坑

第一部分
品牌战略新视野

第 1 章　大火烧不掉的经营成果 / 002

第 2 章　品牌怎样创造顾客 / 011

第 3 章　顾客价值配方 / 020

第 4 章　定位理论三大贡献之一：

　　　　竞争的终极战场是顾客心智 / 030

第 5 章　定位理论三大贡献之二：

　　　　竞争的基本单位是品牌 / 039

第 6 章　定位理论三大贡献之三：
　　　　品牌是品类及其特性的代表 / 047

第二部分
定位的基本操作

第 7 章　品牌三问之一：你是什么 / 058

第 8 章　品牌三问之二：有何不同 / 068

第 9 章　品牌三问之三：何以见得 / 078

第 10 章　配称的三种分类 / 087

第 11 章　配称与商业模式 / 096

第 12 章　品类命名八字诀 / 107

第 13 章　品牌起名四要 / 115

第 14 章　二语三性法则 / 126

第三部分
定位的进阶知识

第 15 章　品类三界之产品品类 / 138

第 16 章　品类三界之渠道品类 / 151

第 17 章　品类三界之导购品类 / 162

第 18 章　品牌战略五阶段（上）/ 172

第 19 章　品牌战略五阶段（中）/ 186

第 20 章　品牌战略五阶段（下）／ 200

第 21 章　战略的聚焦法则　／ 213

第四部分
定位的底层逻辑

第 22 章　定位与外部思维　／ 230

第 23 章　六大心智规律　／ 239

第 24 章　定位理论的边界　／ 254

后记　升级定位的经济解释　／ 264

第一部分
品牌战略新视野

第 1 章

大火烧不掉的经营成果

你是否相信可口可乐神话

企业的经营成果是什么?这个问题听起来很浅,你可能觉得这还需要问吗?很多人都可以说出一连串答案:利润、收入、现金流、市场份额、产品、人才等。但看起来浅显的问题,答案往往出人意料。

在回答这个问题之前,我们先来看一段流传甚广的商业传说。据说,可口可乐的传奇总裁罗伯特·伍德鲁夫曾说过:"如果可口可乐的工厂一夜之间全被大火烧掉,给我三个月时间,我就能重建完整的可口可乐。"

你相信罗伯特的这个判断吗？我多次在课堂上对学员做观点调查，他们绝大多数都相信这个判断。但是，假如这场火灾不断升级，你还相信可口可乐能重建吗？假设升级的火灾不仅烧掉了工厂，还烧掉了全部供应商和经销商资料，连员工也葬身火海，火灾升级到终极灾难的程度，可口可乐还能起死回生吗？

现在很多企业都说"供应链就是核心竞争力"，或者"渠道为王，终端为王"，也有企业强调"以人为本，人没了，一切都没了"。因此，当我在课堂上假设火灾不断升级时，不少学员犹豫了。当然，仍有人坚信在这种情况下，可口可乐能够起死回生。但这种坚信有道理吗？更关键的是，有证据吗？科学是讲证据的，不讲证据就不是科学。

凉茶大战：王老吉为什么能赢

现实总是比小说更精彩。在中国市场上，还真的验证了终极火灾后的"可口可乐猜想"。那就是王老吉和加多宝的凉茶大战。2012 年 5 月，中国国际经济贸易仲裁委员会裁决，加多宝公司不得再使用王老吉商标。从此，两家公司分道扬镳，开启了市场抢夺战。

在这场商业大战中，仅仅收回王老吉商标的广州药业集团（王老吉的母公司，简称广药）就像终极大火后的可口可乐一样，没有供应商体系，没有经销商体系，也没有员工队伍，只剩下商标和配方。

据王老吉的一位高管分享，当时广药只派出了 5 名高管，要求他们在最短的时间内招聘 3000 人的员工队伍，并重建王老吉红罐凉茶的生产和销售体系。对当时的王老吉来说，情况非常危急。加多宝在租用王老吉商标的 10 余年间，已经建立了年销售过 100 亿元的庞大产销体系。这样强大的合作伙伴现在变成了生死对头，没有供产销体系的王老吉拿什么打仗？

比前面假设的终极大火还要严峻的是，就算可口可乐的工厂毁于大火，消费者也不会把百事可乐误当作可口可乐。然而加多宝凉茶推出后，立即用铺天盖地的广告告诉消费者，原来畅销的红罐凉茶已经改名加多宝，还是原来的配方，还是原来的味道。

据估算，加多宝凉茶在品牌推出后的第一年就花了高达 50 亿元的广告费，目的就是要赶在王老吉的渠道真空期迅速抢占市场份额和顾客的认知，让顾客以为王老吉改名为加多宝，加多宝就是原先的王老吉。对王老吉来说，这是不是比终极大火后的可口可乐更悲催？

当时整个营销界都在关注这场前所未有的凉茶大战，不知道你有没有关注，有没有对结果做预测。但在定位圈子里，多数人都认为加多宝必胜，这是为什么？

首先，两家企业在经营实力和市场投入上的差距极大。广药是一家上市公司，存在短期业绩压力，不可能像加多宝一样不计短期业绩地投入。其次，两家企业体制不同，加多宝是民营企业，比作为国企的王老吉拥有更大的灵活性。

然而战局的发展出乎绝大多数人的预料。王老吉恢复生产后，在重新开始销售的区域，很快就夺回了市场领先地位。尤其当加多宝输掉红罐官司，被迫启用金罐包装后，局面变得对加多宝更为不利。最后王老吉重登市场份额第一的宝座，凉茶大战落幕。

品牌：企业的核心经营成果

回到本章开始的问题：如何正确界定企业的经营成果？既然王老吉在这种极端情况下都能重回"王座"，那么在假设的终极大火之后，可口可乐也应当能够重建。这说明能被大火烧掉的各种有形资产甚至员工，都不是企业的核心经营成果。

可以想象，如果可口可乐重建需要资金，那么银行一定会排着队给它贷款，风投会排着队给它投资；如果可口可乐召开订货会，那么供应商、经销商都会迫不及待地找上门；同样，可口可乐要是想招人，应聘者马上就会排成长龙。

在这背后调动庞大资源的根本动力，就是广大消费者对可口可乐重新上架的期盼，这才是终极大火也烧不掉的核心经营成果。只要这个核心成果完好无损，参与各方就有信心重建完整的可口可乐。顾客继续为可口可乐买单的信心，才是有效调动各方资源的根本力量。正所谓"天下熙熙，皆为利来；天下攘攘，皆为利往"。

现代管理学之父彼得·德鲁克认为，**企业的经营成果在企业外部，在企业内部只有成本**。但德鲁克没有明确指出的是，企业的经营成果在企业外部的什么地方，又以什么样的方式存在。定位理论则对此给出了明确的回答：**企业的核心经营成果在顾客的心智中，它左右着顾客的选择。这个核心经营成果就是品牌。**

大火只能烧掉有形资产，但烧不掉存在于顾客心智中的品牌。不过，真要毁掉顾客心智中的品牌，从而毁掉企业的核心经营成果，根本不需要一场大火，只需要让顾客心智中的认知发生改变。当大多数顾客都认为含糖碳酸饮料不健康时，可口可乐的经营成果就会被侵蚀。实际上这件事情正在发生，含糖碳酸饮料的销量正在逐年下滑。

同样，假如有一天顾客普遍认为凉茶中的夏枯草对健康有害，那么即使加多宝和王老吉强强联手，也难以维持凉茶的市场规模。

企业的核心经营成果是品牌，对此肯定有人会提出疑义。比如，有人说，企业的核心经营成果难道不是利润吗？更有甚者将其上升到道德高度：不盈利的企业是不道德的。

这种论点曾经很难反驳，但互联网企业的出现让这种观点不攻自破，因为大多数互联网企业在上市后都还是亏损的，资本市场却给了它们很高的估值。比如亚马逊、Facebook、京东、美团，都是估值数百亿甚至数千亿美元的企业。

如果不是投资者集体犯傻，那投资者到底看到了什么？我认为投资者看到的就是这些企业的核心经营成果——品牌。品牌的意义就是它进入了消费者的心智，从而被消费者优先选择。

因为这些品牌所属品类在高速成长，所以企业必须优先把握成长的机会，不惜烧钱也要在顾客心智中成为第一，从而屏蔽竞争品牌。互联网品牌中的赢家通吃的现象非常明显。第一品牌未来大概率会获得丰厚的利润，互联网企业后来的规模化盈利不断证明了这一判断。

当然，在互联网时代也出现了另外一种观点，就是所谓的爆品战略、产品主义。这种观点认为只要有了极致的产品，消费者就会自动上门，因为互联网让每个人都能在网上发出自己的声音，口碑传播成本大幅降低，从而消除了信息不对称。

其实这是一种幻觉，信息不对称是永恒的，互联网也没有能力消除信息不对称。首先，竞争者会为了自己的利益隐瞒信息、制造噪声，比如雇用水军、差评师、刷单公司，导致"网络无真相"；其次，虽然互联网让信息极为丰富，但消费者解读信息的能力和精力极为有限，过于丰富的信息不仅不会减少信息不对称，反而会让顾客不堪重负，放弃做万事通，宁愿做小白，从而更加依赖品牌来降低信息费用。

再举一个真实例子，就是甘其食包子。其创始人信奉产品主义，坚持用最好的原料。面粉是市面上买不到的定制麦芯粉，肉也不是一般的五花肉，而是前腿精瘦肉搭配脊上肥膘，力求最佳的肉香和口感；同时用最好的工艺，坚持手工包制，还要包子皮、包子馅的误差都不超过2克，而且坚持现包、现蒸、现卖。

甘其食虽然做出了最好吃的包子，但不善于打造品牌，结果消费者并不知道它的这些极致的原料和工艺，也就不愿意为它的包子多掏钱。可是它的成本却比竞争对手高，所以企业难以实现高速成长。这就应了德鲁克所言：在企业内部只有成本。

真正的产品主义，不仅要有极致的产品，还要会做品牌宣传，要在顾客心智中建立极致的品牌认知，否则就会产生大量没有成果的内部成本。

我这样评论甘其食，会对甘其食不利吗？实际上，每当我讲到甘其食包子的故事，绝大部分听众都会产生一个念头：下次去杭州，一定要尝一尝甘其食包子。所以，看似批评，其实是在帮助甘其食建立品牌。叶茂中先生曾邀请我毫不留情地批判他的营销新著《冲突》（遗憾的是，我没能完成这个任务），应该也是基于同样的逻辑。

另一位产品主义者巴奴毛肚火锅，就很善于打造品牌。巴奴在它的大本营郑州，发动了强大的品牌宣传："服务不是巴奴特色，毛肚和菌汤才是。"前不久巴奴还出版了一本畅销书，书名就叫《产品主义》，讲述巴奴如何做出极致的产品。这与当年《海底捞你学不会》策略相似。有了这些品牌传播动作，巴奴的门店还没有开到全国，品牌就已经走向了全国。可以想见，巴奴接下来很有可能像海底捞一样，兵不血刃地扩张到全国市场。所以，大声讲出来的产品主义，就成了品牌主义。

■■■ **本章小结** ■■■

本章核心内容是如何正确界定企业的经营成果。工厂、员工以及任何有形资产，都不是企业的核心经营成果。只有存在于顾客心智中，左右着顾客选择的品牌，才是企业的核心经营成果。

在后续章节中，我会向你展开介绍品牌背后的商业规律。比如，品牌依附于品类而存在，当品类衰亡时，品牌也就成了无根之木、无源之水。如果不能未雨绸缪，到时经营者就会悲伤地发现，自己就像诺基亚总裁所言，"我们并没有做错什么，可是我们输了"，或者像大润发总裁所言，"我们赢了所有竞争对手，却输给了这个时代"。

第 2 章

品牌怎样创造顾客

品牌是大火也烧不掉的核心经营成果。这个核心经营成果如何具体体现？有成果和无成果的企业，其顾客表现有何不同？品牌左右顾客选择的表现是什么？品牌这个经营成果如何转化成财务成果？

品牌与心智预售

品牌左右顾客选择，其表现就是"心智预售"，"心智预售"就是在顾客大脑里完成的销售。也就是说，顾客在出门之前，或者在看到你的产品之前，或者在打开手机 App 之前，就已经想好了要购买你的品牌产品。到了这一步，销售的最困难部分其实已经完成了，虽然还没有真的付钱，但这个"心有所属"的人已经是你的顾客了，接下来不过是相对简单的执行动作。

比如一位顾客口渴了，在看到可口可乐之前，他脑子里已经想好了"我要买可口可乐"。于是他走到便利店或小卖部，看都不看就对店主说："来一瓶可口可乐。"**这种购买现象叫作"指名购买"，就是对品牌指名道姓的购买，这是心智预售的结果。**

面对顾客指名购买可口可乐，店主就得乖乖地把可口可乐拿给顾客；与店主实际上把可口可乐放在什么地方，有没有从箱子里拿出来，有没有摆上货架，摆在货架上的好位置还是差位置都没有任何关系。如果店主回答"没有可口可乐，来点别的饮料吧"，顾客可能会失望地转身就走。如果这种事情多发生几次，店主会不会赶紧去找可口可乐经销商进货？

面对找上门的生意，可口可乐是不是很轻松，甚至不用交进场费呢？因为没有调查过，所以我并不清楚可口可乐实际上交不交进场费。但有媒体曾经报道，飘柔、潘婷、海飞丝等几个强势洗发水品牌面对各种零售终端是不用交进场费的。

与顾客指名购买相反，对于那些没有完成心智预售的品牌，顾客在出门之前或者在看到你的产品之前，根本就想不到你。于是，购买行为就表现为销售现场的**随机购买**。那么，你的产品进入的终端越多，顾客接触到的概率就越大，你的产品货架位置越好，顾客越容易看见和拿取，你卖出的概率就越大。

但是，这些顾客是渠道和货架创造的，而不是你的品牌创造的。也就是说，顾客出门之前或行动之前只想好了"我要去沃尔玛、711或天猫买某种东西"，而没有想到你的品牌。这是沃尔玛、711、天猫完成了心智预售，创造了它们的顾客。你想要得到这些顾客，别的品牌也想要得到这些顾客，竞争之下，价高者得，货架创造的顾客价值，你的品牌一分钱也别想拿走。

因此，没有实现心智预售的品牌，就不得不交纳高昂的进场费、上架费、条码费、堆头费、店庆费、人员导购费，最后挣到的只能是微薄的加工利润，而这些加工利润不过是工厂和存货投资的资本利息，没有任何超额利润。没有实现心智预售的品牌实际上不是品牌，至多是一个商标。如果你的品牌实现了心智预售，就是真正的品牌，就可以节约那些苛捐杂税般的各种获客费用，这种节约就会转化成你的财务成果——超额利润。

在电商出现之前，线下商业有一种常见现象叫"零供矛盾"，即零售商和供应商的矛盾。供应商叫苦连天，说零售商店大欺客，呼吁政府出手管制，纠正"不公平""乱收费"条款。但市场经济是自由经济，交易都是自愿的，零售商没有强迫你进场，是你自己接受条件进场的，你觉得不公平可以不进场或退场。

实际上，你不进场，竞争对手就会进场，你退场后竞争对手会马上填补空缺。所以，不是零售商在压榨你，而是竞争对手在和你一样竞争货架资源。背后的原因就是你没有完成心智预售，因此，你的企业注定利润微薄。自由竞争的结果可以非常不平均，但你不能说它不公平。

对于实现了心智预售的强大品牌，零售商也会抱怨"客大欺店"。前面提到不交进场费的几个洗发水品牌，如果店里没有，顾客就会产生"怎么这也没有那也没有，什么店啊"的感受。正是因为众多顾客的指名购买，所以零售商对于强势品牌也得忍气吞声，甚至不惜倒贴让一些明星品牌进场。

当然，随着渠道的变迁和消费者代际的变化，许多在传统卖场中强势的品牌也面临着品牌老化问题，因为它们并没有在新一代消费者心智中实现预售。

周黑鸭投资案例

用是否实现了心智预售来判断品牌是否形成，即企业是否创造了核心经营成果，是天图决定是否投资某个企业的重要依据之一。

2010年天图投资周黑鸭的时候，周黑鸭还没有走出武汉。

但我们观察到，全国许多地方都出现了山寨周黑鸭店。这个现象很值得思考，为什么这些店主只山寨周黑鸭，而不山寨别的卤鸭脖品牌？合理的解释是，山寨周黑鸭的品牌能更好地销售，顾客更容易进店，或者付钱更痛快。这说明周黑鸭品牌已经在相当多潜在顾客心智中实现了预售。

更直接的表现是，许多人出差武汉都会带周黑鸭回家，甚至被朋友打电话要求捎带周黑鸭，这就是典型的指名购买。不惜麻烦他人的指名购买，比一般的指名购买更强大。因此，周黑鸭的核心经营成果已经产生，虽然它当时在卤鸭脖领域并不算规模最大的，甚至连前三名都排不上，但天图还是毫不犹豫地独家投资了周黑鸭。

在接受天图投资之后，周黑鸭开始走出武汉，并向全国扩张，实现了高速成长。到周黑鸭在香港上市时，它的年利润已经超过同行第二名的两倍。周黑鸭的估值，也在天图投资后的7年间增长了25倍。周黑鸭的销售净利润率甚至超过了可口可乐。

前不久，天图投资了鲍师傅蛋糕店。在投资之前，我们也观察到市场上的山寨鲍师傅店远多于正牌鲍师傅店。这一现象我们很熟悉，就是周黑鸭当年被山寨的情景再现，所以我们毫不犹豫地再次投下重金。判断一个人是否真的相信自己的理论，最有效的方法就是看他敢不敢对他的理论真金白银地"下注"。

价值千万美元的教训

你可能会说,投资人都会选择性地宣传成功项目赚了多少倍,对于血本无归的项目则闭口不提。不可否认业内确实存在这种现象,这不仅仅是出于投资机构的公关需要,更是为了保护困境中的企业。

我们曾经投资了近 2000 万美元给一家做无线固话的企业,其创始人曾经是中国十大杰出青年,之前也是非常成功的创业者。在创立该电话企业后,创始人的表现也很优秀,3 年多时间就把企业年利润做到了 7000 多万元。当时,企业准备进行上市前的融资,竞争的投资机构很多,其中包括雷曼兄弟这样的跨国投资机构,最终我们以民营企业比跨国公司具备更高效率的优势拿下了这个项目,还颇有点小得意。

之后的发展却是一场灾难。该企业上市进程极其不顺,先是申报了 A 股中小板,结果因为当时的全球金融危机,A 股 IPO 暂停,不知何时能够恢复。于是企业转到境外上市,在境外上市过程中又因为政策变化,中途改变了上市目的地。在这个过程中,我们发现企业的财务报表迅速恶化,产品库存大增。于是天图不得不以"白菜价"卖掉该笔投资,亏损超过 1000 万美元。

事后经过复盘,我们发现上市过程不顺利并不是该企业失败的根本原因,如果企业的盈利可持续,上市不过是多等待几年。

真正的原因是该企业并没有形成核心经营成果——品牌。

无线固话看起来是消费品，但该企业其实并没有用自主品牌左右个人消费者的选择。因为消费者选择的是运营商品牌，运营商会给消费者免费赠送无线固话机。企业虽然在自己生产的电话机上打上了自己的品牌标志，但消费者完全无视它。

该企业的真正顾客不是消费者而是运营商，所以企业要去竞标；为了快速交货，就得预先备货，为了降低竞标价格，就不得不靠大规模采购来降低采购价格，这才是企业库存异常增加的主要原因。但是企业一直都以这种方式运营，为什么突然出问题了呢？原来是因为大客户内部出了问题，中标的订单迟迟不履行，导致企业流动资金贷款逾期而存货大幅贬值，最终破产。

这个价值 1000 万美元的教训，让天图建立了一个独特的消费品概念：**消费品就是用自主品牌左右个人消费者选择的产品和服务。**

在这个定义之下，许多疑难问题都迎刃而解。这个无线固话企业不是消费品企业，实际上是移动运营商的代工企业，但它又没有建立富士康那种顶级代工企业的品牌声望，所以在与客户的交易中非常被动。

这个学费并没有白交，天图换来了价值连城的认知进步。后来我们考察某早教项目，虽然该企业运营的早教品牌已成为中国早教领导品牌，但它是美国企业授权给该企业经营的品牌，授权还有一年到期。企业管理团队拍着胸脯保证到期后可以续签 20 年的授权，但我们坚持要等续签成功再谈投资。结果到期后美国人收回了授权，企业管理团队解散，各自去创业了。在无线固话项目上交的高昂学费，帮我们避开了一个可能会付出更大代价的大坑。

随着我们对品牌和品类的理解进一步深化，我们发现绝大多数水果品类都没有产品品牌。创造顾客的任务主要由百果园这样的渠道品牌完成，于是我们投了 5 亿元人民币给百果园。投资后的 3 年时间里，百果园的业绩和估值都增长了 4 倍。

▪▪▪▪ 本章小结 ▪▪▪▪

德鲁克说，企业存在的唯一目的是创造顾客。德鲁克不愧为睿智的思考者，总是能指出正确的大方向。但要指导实际行动，还需要更精确的地图。定位理论就明确地回答了企业究竟是怎样创造顾客的：通过打造品牌实现心智预售，通过心智预售完成顾客创造，被创造的顾客通过指名购买降低各种交易费用，交易费用的降低最终会变成超额利润。

当然,经济学不认可"超额利润"这一概念,而把这部分利润叫作"品牌租值"。对此,我们可以将其当作术语差异,后续还会碰到经济学术语和商业术语的差异问题,相信有经济学基础的读者完成术语切换不会太难。

第 3 章

顾客价值配方

第 2 章讲了品牌通过心智预售创造顾客,因此我们观察顾客的购买行为,就能够判断品牌是否已经创造了顾客。对于投资人来说,品牌能够帮助他们完成投资决策就够了,因为投资人是做选择题的,只需要选对品牌,而不需要把品牌做出来。但对于企业家来说,这远远不够。因为企业要做填空题,要把品牌从无到有做出来,因此企业需要对创造顾客这件事有更深入的理解。

顾客价值配方的构成

顾客选择购买你的品牌产品,归根结底是因为你创造的顾客价值大于顾客付出的成本。用经济学术语来表达，就是顾客购买你的产品获得了**消费者盈余**；如果顾客意识到购买你的产品得不偿失，交易就不会发生。这是不证自明的公理，是必须接受的人性基本假设。

那么，顾客价值是如何构成的呢？首先，产品价值必然是顾客价值的构成部分，顾客不会买一件看不见摸不着的皇帝新衣，这也是不证自明的常识；其次，如果产品相同但品牌不同，顾客通常愿意付不同的价格或者在同等价格时优先选择某个品牌。这表明品牌也有价值，也是顾客价值的构成部分（见图3-1）。这样我们就得到了顾客价值配方的一级公式：

顾客价值 = 产品价值 + 品牌价值

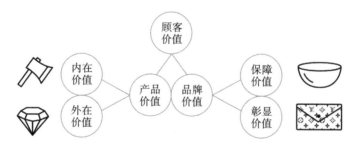

图 3-1 顾客价值配方图

进一步分析，产品价值也可以分解，这样我们得到第一个二级公式：

产品价值 = 内在价值 + 外在价值

什么是产品的内在价值呢？就是不因他人看法而改变的，由产品自身物理特性决定的价值，也就是在鲁滨逊荒岛这种一人世界里也会具有的价值。比如一把斧头，对荒岛上的鲁滨逊来说价值巨大，可以砍树造屋，可以切肉剁骨，还可以防御野兽。缺少这把斧头，鲁滨逊的荒岛生存会无比艰难。

那什么是产品的外在价值呢？与内在价值恰好相反，外在价值就是因他人看法而改变的产品价值。产品外在价值只能在多人世界里存在，在鲁滨逊荒岛上并不存在，因为只有在多人世界里才存在"他人看法"这种东西。比如一粒10克拉的钻石，在荒岛上就没有外在价值，其内在价值也很小，因为饥不能食、寒不能衣。但是，如果放在大都市，10克拉钻石却成了无数女性都喜爱的"鸽子蛋"。

曾经流传着一篇论述钻石是20世纪最大的营销骗局的文章，其论证骗局的主要理由是钻石的成分是碳，和铅笔芯的主要成分一样，却把全世界的女性迷得神魂颠倒。文章生动地描述了钻石的内在价值，却完全没有讲到其外在价值。

产品外在价值的表现很多，比如"富贵不还乡，如锦衣夜行"这句话就道出了锦衣的产品价值有很大一部分是外在价值，是要穿给别人看的，夜行就浪费了。若论其内在价值，锦衣的保暖、护身、耐磨等性能还不如棉布衣服。

需特别指出的是，产品外在价值具有亚文化特征和时代特征。在一个亚文化中的负外在价值，在另一个亚文化中却可以是正外在价值。例如，镶金牙在某个时期象征着富贵，但随着时代变迁变成了"土豪"行为。

当某个品类不断去功能化而导致产品的内在价值低于外在价值时，创造顾客价值的策略就得相应改变，否则就会钻进功能性利益的死胡同。比如手表，在智能手机普及后，手表的计时功能变得无足轻重，其产品价值以外在价值为主。于是代表计时科技进步的电子表衰落了，有更高外在价值的机械表反而获得更强的生命力。

更重要的是，在制造业高度发达的今天，产品层面的价值差异越来越小，竞争对手学习、跟进越来越快，左右顾客选择的价值差异，越来越多地来自品牌价值的差异。

我们深入分析一下品牌价值，可以得到第二个二级公式：

品牌价值 = 保障价值 + 彰显价值

保障价值就是品牌在购买环节而且只在购买环节所具有的价值，它能给顾客提供安全感，让顾客放心、快速地做出决定。顾客做出购买决策时会面临着各种风险，比如产品是否具备其所宣称的功效，是否会产生意外伤害或副作用，是否会买贵了，等等。品牌的保障价值就在于消除顾客在购买环节的各种担心，但顾客在产品使用环节并不需要品牌的存在。

比如在购买不锈钢餐具时，如果餐具上没有品牌标签，顾客会觉得这不是正规厂家生产的，不愿意下单或者只愿意付较低的价格。如果有了品牌标签，顾客买起来就会更加放心、痛快，但买回家之后顾客又会把品牌标签撕得干干净净，这表明不锈钢餐具的品牌主要是保障价值，在使用环节基本不发挥作用。

如果一个品牌出现质量丑闻，该品牌的保障价值就会大幅度降低，因为顾客正是依赖品牌来降低质量鉴别成本的。另外，如果一个品牌经常打折销售，也会降低其品牌的保障价值。前面讲到，顾客做出购买决策时会担心买贵了，所以从不打折的品牌就可以降低顾客的这种担心，反之就会增加顾客的这种担心。

在一般情形中，品牌不仅在购买环节发挥保障价值，也在使用环节发挥彰显价值。所谓彰显价值，就是指顾客消费该品牌时在他人心目中产生的沟通性价值，即顾客有意无意地通过自己消费的品牌向他人传递某些信息，比如彰显自己的身份、地位、财富、学识、品位、信仰、观点、态度、爱心等。

比如 iPhone 手机，那个被咬掉一口的苹果标志就曾具有很高的彰显价值。彰显价值有时候会成为品牌的主要价值，甚至大于产品本身的价值。比如正牌的 LV 包，其价格与 A 货的价格相差好几倍，但顾客仍然愿意为正品付更高的价格。

又比如都乐香蕉上那一张张小小的椭圆形标签，就让顾客在购买时更加放心，而且愿意付出溢价，但顾客在吃香蕉时已经不在意那张品牌标签了。这意味着都乐品牌只有保障价值吗？并非如此，因为顾客购买香蕉并不仅仅是自己吃，还会拿去送礼。在送礼时品牌就发挥作用了，它彰显了顾客对收礼人的重视，表明自己并不是在路边摊随手买串香蕉做礼物。

一般来说，彰显价值在易于被他人看见的个人穿戴物品和社交化消费品上表现得较为明显，而在私密性个人消费品上就表现得不那么明显，因为"彰显"是一种社交沟通，需要他人感知才能生效。所以对很多人而言，在家可以粗服乱头，出门却要衣冠楚楚；自己人喝酬客，请客却要喝茅台。

彰显价值并非消费品品牌所独有的，B2B品牌也可以具有彰显价值，这类品牌彰显的是使用该品牌产品的企业的某些信息。比如，一家企业在融资时可能会说"我们的财报是经过德勤（全球四大会计师事务所之一）审计的"，以此彰显"我们是规范的，没有造假"。

顾客价值配方的运用

顾客价值配方并不深奥，但很重要，也很实用。有了这个配方，我们就能对很多商业现象进行解释和指导。

因为产品的外在价值是因他人的看法而改变的价值，所以，如果他人的看法是负面的，产品就会出现负外在价值的现象。比如，很多人对使用成人用品的看法是负面的，那么成人用品经营者就要特别注意保护顾客的隐私，由此也能推断出，顾客更愿意网购成人用品而不是去实体店购买。这对于商业实践已经有指导意义了。

一般来说，他人的看法有些是很难改变的，有些是在不断变化的，有些是可以通过企业的努力改变的，只要企业对顾客价值配方有清晰的认知，就可以采取最有效的行动。

一次性纸尿裤曾被美国《时代》周刊评选为20世纪最伟大的100项发明之一。当时，宝洁公司通过市场调查发现，新妈妈们的痛点之一就是因为频繁给宝宝换尿布而睡眠不足，所以帮宝适纸尿裤最初的广告语就是"用帮宝适，让妈妈睡个好觉"，结果销量并不理想。

进一步调查后发现，新妈妈们使用纸尿裤会有负疚感，她们会觉得自己为了睡个好觉就给宝宝用这种不知道好不好的东西很不负责（直到今天中国一些老人还认为用纸尿裤会让孩子变成"罗圈腿"）。所以在没有足够的顾客教育之前，纸尿裤的外在价值是负面的。于是宝洁公司把广告语改成"用帮宝适，宝宝干爽睡得香"，纸尿裤一下子就变成了畅销产品。因为用纸尿裤对宝宝好，外在价值就变成正面的，不用纸尿裤的妈妈反而会担心自已被他人认为"舍不得为宝宝花钱"。

不仅产品的外在价值可能是负面的，品牌的彰显价值也有可能是负面的。这种负彰显价值可以通过顾客行为推断出来。比如，一些合资轿车品牌的车主，会花钱把合资品牌 Logo 去掉。也有企业在收购了全球知名品牌后，为了宣示自己的成功，把自己企业原有品牌的 Logo 也打在产品上形成"双品牌"，结果消费者往往因为看到原有的低端品牌而放弃购买。

我曾经写过一篇流传甚广的商业评论文章《凋零的玫瑰》，剖析了某鲜花店品牌的一些低效做法，比如用男模开宝马给顾客送花。对此，我给出了改进建议：取消昂贵的鲜花派送方式，改为赠送精美的水晶花瓶，而且顾客每次续订鲜花都赠送一粒水晶珠子，让顾客能够攒成一条水晶手链。有朋友读后说这些建议是神来之笔，但对我来说不过是顾客价值配方的一个小练习，即如何有效打造品牌的彰显价值。

用男模送花，对于收花的顾客来说，那一瞬间彰显价值当然很大，但问题是，收花人不在怎么办，让前台转交？就算收花人在，观众不在怎么办？此外，鲜花易谢，花谢了彰显价值也就没了。一个带有品牌标志的精美花瓶就可以解决上述所有问题，使彰显价值更高、更持久，并且花谢之后精美的空花瓶还能激发顾客重复购买的欲望。

进一步考虑彰显价值的提升，我们就会发现，花瓶固然能持久彰显，但彰显的场合还是有限，总不能天天把花瓶带在身上。于是，续订鲜花赠送水晶珠攒成水晶手链或项链的方法，就可以让彰显价值在更多场合体现，并且能促进重复购买以及让品牌触达更多的潜在顾客。

■■■ 本章小结 ■■■

顾客价值＝产品价值＋品牌价值，这个公式从经济学角度看，就是创造产品价值＋节约交易费用。产品价值＝内在价值＋外在价值，这一公式指引着企业去生产高价值的产品，而品牌价值＝保障价值＋彰显价值这一公式则指引着企业通过品牌去降低各种交易费用。

其中，保障价值降低了企业和顾客之间的交易费用特别是信息费用，企业通过降低顾客决策成本获得顾客的优先选择，并且通过这种优先选择集中更多顾客，获得规模经济效益并进一步促进专业分工效益。

相比保障价值，彰显价值则降低了顾客和他人交往的信息费用，因为顾客通过其使用的品牌，能向其他人低成本传递个人信息，从而降低信息费用以促进社会协作。比如通过消费某些具有身份或信仰含义的品牌，顾客就能迅速识别同类并与他们达成某些共识，从而实现更有效的社会协作。又比如要向他人传递自己的财富信息，总不能时刻把存折掏出来作证，但是通过消费某些奢侈品牌，就能更有效率地传递财富信息，建立某种信任。

由于全球化分工，交易费用在全球化经济中占总成本比例越来越高，而品牌作为降低交易费用的重要手段，也越来越重要。因此，关于品牌经营的科学知识也成了创业者、企业高管的必修课。

第 4 章

定位理论三大贡献之一：
竞争的终极战场是顾客心智

通过前面三章，我们从界定企业的经营成果入手，认识到品牌的重要性，建立了关于品牌的知识起点。从本章开始，将向你展开定位理论的核心内容。定位理论的两位创始人创作了 22 本相关图书，对于初学者来说，这是一套令人望而生畏的庞大知识体系。

但作为实践者，需要运用"二八原则"。其实只要掌握定位理论的三大贡献，就可以享受定位理论 80% 的成果。这三大贡献分别是：①竞争的终极战场是顾客心智；②竞争的基本单位是品牌；③品牌是品类及其特性的代表。

第 4 章
定位理论三大贡献之一：竞争的终极战场是顾客心智

心智战场与物理战场

一位游客在旅游中行李被盗，现在身无分文，只剩下手上戴着的一块劳力士手表。于是他站在路边向过往的游客兜售这块手表，结果当初花了 2 万美元买来的名表，现在 20 美元也卖不出去。

为什么游客不愿意买这块手表？因为他们不相信这块手表是真的劳力士。显然，决定顾客买不买这块手表的关键因素，不是这块手表事实上的真假，而是顾客认为它是真还是假。这就是定位理论中所说的"**认知大于事实**"。真正决定顾客行为的是顾客的认知，发现这一规律并用于商业实践是定位理论的第一大贡献：**竞争的终极战场是顾客心智**。

如果一个人的行为不是由他的认知决定的，就等于说他不知道自己在干什么，那么这个人就不是正常人。接下来的问题就是，顾客的认知从何而来？那位游客当初为什么会花 2 万美元买这块劳力士手表？当初决定他购买行为的认知是如何形成的呢？

我们可以根据常识推断，当初他是被劳力士手表的广告或口碑影响，在购物中心豪华的专卖店里购买了自己喜爱的劳力士。也就是说，决定他购买行为的认知，必然直接或间接地来源于被他所感知的某些事实。

这一分析让我们建立了商业竞争的战场全景：**竞争的终极战场是顾客心智，但企业不能凭空改变顾客心智，企业只能在产品、渠道和媒介三大物理战场上构建某些事实，从而影响、操控顾客心智，在心智战场上产生有利于企业的认知变化。**

心智战场与三大物理战场构成了商业竞争地图的基本轮廓（见图 4-1）。心智战场看不见摸不着，却是物理战场上所有行动的终极归宿。企业管理者必须掌握物理战场上的行动和心智战场上的变化之间的因果关系，否则就会做出大量无效行动，浪费宝贵的机会和大量的资源。

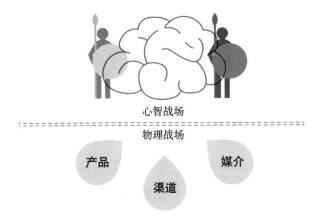

图 4-1　心智战场与物理战场

产品战场

产品战场上的活动包括把产品生产出来的全部运营活动，但不包括把产品销售出去的活动。产品本身及其包装的可感知质量，能够直接影响顾客的认知，所以即使在购物中心的劳力士专卖店售卖的劳力士表也必须做工精致，服务也要周到，否则就不符合顾客对奢侈品牌手表的预期，顾客就不会买账。

如果因为某个品类的生产力不足导致产品供不应求，或者只有你能做出来一种重要产品，那么产品战场上的巨大胜利就可以轻松带来渠道、媒介和心智战场的胜利。

比如，在太空发射领域，美国太空探索技术公司（SpaceX）发明的"猎鹰9号"可回收式火箭把太空发射成本降低了10倍。这种在产品战场上的压倒性胜利，使顾客自动找上门来，订单排了30个月，兵不血刃就取得了渠道战场的胜利；同时，全世界的媒体也都在免费报道"猎鹰9号"的每次发射，媒介战场也不费一兵一卒就取得了胜利；最后，连与太空发射市场完全无关的普通人都知道了"猎鹰9号"，所以它在心智战场也取得了压倒性胜利。

其实世界上还有其他企业也在做可回收式火箭，但媒体只关注第一不关注第二，所以后来者如果不在媒介上做大量投入，就会默默无闻。

当年中国从计划经济走向市场经济的时候，彩电是供不应求的商品。当时，军工企业长虹能够生产彩电，成了军转民最成功的企业之一，长虹股票也在20世纪90年代成为A股龙头之一。

这也是产品战场压倒性胜利带来其他战场轻松取胜的例子。但后来长虹因为缺乏正确的战略理论指导，在日趋激烈的市场竞争中一错再错，光环不再。

渠道战场

在市场经济中，供不应求的品类非常少，绝大部分品类都是供求平衡的，这时物理战场的重心就可能变成了渠道，比如瓶装水的竞争。这个品类早期有两个代表性品牌，一个是娃哈哈，一个是乐百氏。从产品来看，乐百氏比娃哈哈的包装设计更洋气，但娃哈哈通过渠道创新，建立了供销联合体，通过合理的利益分配机制，使得娃哈哈的产品到达了更多零售终端。据报道，娃哈哈进入的全国零售终端超过 600 万个，在竞争中胜过了乐百氏，娃哈哈创始人宗庆后也曾经三次问鼎中国内地首富。在那个时代，市场上充满了"终端制胜、渠道为王"的说法。

那么，企业在渠道战场上的行动是如何影响、操控顾客心智的呢？

首先，顾客会从品牌出现在什么渠道来判断品牌的档次。当某品牌手表出现在旅游摊贩这种渠道里的时候，顾客就会认为它是个低档品牌，就算是劳力士出现在这种渠道里，顾客也会认为是假货；而出现在豪华购物中心时，顾客就愿意相信它是奢侈品牌或真货。比如，大多数卤鸭脖品牌都是街边小店、夫妻店，但当顾客在机场、高铁站、地铁站、商业中心看见周黑鸭门店时，就会觉得周黑鸭是一个高端的卤鸭脖品牌。

其次，当品牌覆盖的渠道非常广泛，从购物中心、百货商场到超市、便利店，从一个城市到另一个城市，都能看到某个品牌，那么顾客会觉得这是一个全国性大品牌，从而更愿意购买。比如百果园在全国已有 4000 多家门店，这种高能见度就让顾客觉得它是一个全国性大品牌，同等条件下顾客就会优先选择它。

媒介战场

品牌除了通过产品和渠道影响顾客心智，更多时候还需要通过媒介来与顾客沟通，影响和操控顾客心智。因为随着市场竞争的加剧和参与竞争的企业实力越来越强，不同品牌在产品实力和渠道能力上的差距越来越小，这时候媒介战场上的行动很可能成为决定竞争胜负的重要砝码。

从电梯广告我们就可以感受到媒介战场的激烈程度，比如在二手车交易领域中，我们可以看到瓜子二手车、人人车、优信二手车等几个品牌挥金如土的广告，更不用说互联网媒体上竞争品牌间的相互攻击。

企业在媒介战场上的行动对顾客心智的影响和操控非常直

接，但很多企业的竞争地图上没有心智战场，于是传播缺乏目的，甚至传播本身成了目的，浪费了大好机会和大量资源。

比如，万众瞩目的"小米与格力10亿赌局"中，董明珠对媒体说的是，格力的空调年销售额1400亿元，领先第二名500亿元，且格力拥有8000多名工程师和14 000多项专利。虽然她把小米和美的说成"小偷集团"大失风度，但网友却记住了格力是空调第一品牌而且技术先进。可以想见，格力品牌通过媒体的免费报道实现了心智预售。

反观，雷军则称小米的业务比较复杂，做了很多智能硬件，要建立一个互联网平台。虽然雷军在这场论战中很有绅士风度，但模糊了小米作为智能手机专家的品牌认知，让顾客觉得小米不是专业做手机的，而是什么都做。导致的结果是，原本风光无限的小米手机在接下来几年中频频遭遇销量危机，国内销量排名从第一滑到了第五。这就是传播缺乏目的而把传播本身当成目的的表现。

心智战场

三大物理战场上的所有行动都要服从于心智战场的需要，向心智战场协调一致地、精准地投射力量，从而操控顾客的认知。如果看不到心智战场的存在，不懂心智战场的规律，那么企业在物理战场上的行动必然就像没头苍蝇一样，即使取得成功也是误打误撞，难以持续。

就拿前面提到的娃哈哈公司来说，娃哈哈曾经推出过"非常可乐"，借助它庞大的终端零售体系，非常可乐的年销售额最高时达到 70 多亿元，其成功程度堪比近年的王老吉凉茶。但是，随着可口可乐和百事可乐（俗称"两乐"）进入中国并且不断下沉渠道，非常可乐和其他山寨可乐就被"两乐"不费吹灰之力地收割了。为什么呢？

因为中国消费者受美国文化输出的影响，通过电影、电视、体育比赛、商业广告等媒介早已知道正宗的可乐是可口可乐，也知道可口可乐最大竞争对手是百事可乐。因此，中国消费者早就想喝上正宗可乐，但买不到怎么办，那就先尝尝山寨可乐吧。

所以非常可乐、汾煌可乐、天府可乐、银鹭可乐等一众山寨可乐，虽然一时风光，但都是在帮"两乐"培养中国的可乐消费市场，最终的命运都是等着"两乐"来收割。现在，绝大部分山寨可乐已经难觅踪影。

如果娃哈哈知道心智战场的规律，知道强大的品牌需要在心智战场上有强大的定位根据地，那么，非常可乐就不应该叫非常可乐，而应该叫"非常气泡茶"。因为茶是中国人心智中最强大的根据地，在这个根据地中构筑"气泡茶"这么一座城池，就能够有效地抵御"两乐"的进攻。

可以想见，当中国消费者喝惯了非常气泡茶，再喝到可口可乐时，就会说："这不就和非常气泡茶差不多嘛，中国几千年的茶文化岂是老外能比的。"

●●●● 本章小结 ●●●●

竞争的终极战场是顾客心智，但企业只能通过产品、渠道、媒介三大物理战场上的行动来影响、操控顾客心智。

从表面上看，企业的经营行为都发生在物理战场上，但有的企业家脑袋里有心智战场的概念，并且掌握了物理战场与心智战场的因果关系，所以他们成了商业竞争的魔术师，游刃有余地操控着顾客认知，让顾客优先选择自己的品牌，取得了丰厚的经营成果。

但有些企业管理者还不知道这些商业规律，他们大多是盲人瞎马，误打误撞，即使暂时成功也不可持续，甚至为他人作嫁衣裳。

第 5 章

定位理论三大贡献之二：
竞争的基本单位是品牌

　　竞争的终极战场是顾客心智。但在顾客心智中，又是什么和什么在竞争呢？对这个问题的正确回答，给企业战略理论带来了突破性发展。

竞争的基本单位是品牌

　　谈起商业世界的竞争，多数人认为是企业之间的竞争，也有人说是商业模式的竞争，还有人说是人才的竞争以及资源的竞争、资本的竞争等。众说纷纭，这些观点让企业经营者无所适从。

其实只有一个角度可以正确回答这个问题并指导商业实践，这个角度就是顾客的角度。因为竞争的终极战场是顾客心智，物理战场的行动最终都要作用于心智战场。

从顾客角度看，结论很明显，**顾客更关心品牌而非品牌所属企业**。当顾客听到有人谈论一件产品时，他们更可能问出的问题是"什么牌子"而非"哪个企业生产的"。例如，绝大多数顾客并不知道"瓜子二手车"品牌属于"车好多旧机动车经纪（北京）有限公司"，也不知道"今日头条"品牌属于"北京字节跳动科技有限公司"。

还有，"品客薯片""金霸王电池""南孚电池"分别属于哪个企业。对此，我在培训中反复测试，发现绝大多数学员都不知道，个别学员因为职业关系知道这些品牌均属于宝洁公司，但极少有人知道它们现在都不属于宝洁，被宝洁卖掉了。品牌易主很常见，但普通顾客既不知道也不关心，他们需要记住的是品牌而非企业，以便有效地做出购买决策。

因此，**竞争的基本单位是品牌，而非企业**。

战略二分法

绝大部分经营者并没有意识到竞争的基本单位是品牌而非企

业，学术界和咨询界也同样缺乏认识，因此商业战略理论可谓五花八门。

全球著名管理咨询机构麦肯锡对战略的定义是：**战略就是围绕一个目标采取协调一致的行动**。这个定义足够抽象，逻辑上错不了。但在什么框架中展开目标和行动，才是战略能否落地的关键。实际上，麦肯锡展开目标的框架是财务框架，典型的描述方式是"5年100亿，10年500强"；展开行动的框架则是把目标层层分解到不同的战略业务单元，并对业务进行三层面划分，对组织和运营体系进行优化。

在麦肯锡的战略理论中，没有心智战场的概念，也没有品牌概念，因此对战略的指导意义并不强。

当然麦肯锡能够成为全球性咨询机构，必有其过人之处。麦肯锡掌握了全球众多企业的最佳实践数据，所以它的强项是用标杆法做运营改善。对组织和运营不善的企业来说，麦肯锡的疗效很明显。但标杆法存在一个战略陷阱，那就是同质化竞争，即我要学习你，做得和你一样甚至更好，这就会让一些本身管理不错的大企业陷入同质化竞争的困境。

美国哈佛商学院著名战略学家迈克尔·波特教授曾写过一篇长文《什么是战略》，文中提到"运营效益不等于战略"，批判了麦肯锡的战略观念。波特对战略的定义是"**用协调一致的行动**

创建一个价值独特的定位",把"目标"改成了"定位"。看起来波特是定位派,但就像麦肯锡战略定义在逻辑上正确一样,波特的战略定义也不会错,而且从麦肯锡的"目标"到波特的"定位",目标的抽象程度下降了,可操作性提升了。

但是我们同样需要思考,波特是在什么框架下表述定位的。当我们深入了解就会发现,波特的定位其实指的是物理战场上的差异化,并没有涉及心智战场,也没有意识到竞争的基本单位是品牌。

波特把战略归结成三种基本类型:成本领先战略、差异化战略、集中战略。其中,差异化战略又分成两个子类型:产品差异化和客户差异化,也就是聚焦某类产品或者聚焦某类客户;集中战略则是既聚焦产品又聚焦客户,高度聚焦。可见,波特的定位有聚焦原则但没有心智定位,因此与真正的定位理论擦肩而过。

此外,由于波特以企业而非品牌为竞争的基本单位,结果得出了一个结论"增长欲望对战略的负面影响最大",所以迈克尔·波特的战略理论无法有效指导企业的成长。波特自己创立的摩立特(Monitor Group)咨询公司也两次申请破产。战略教授搞不定自己的战略,颇令学子们尴尬。

我在读商学院时学的正是波特的战略理论,后来做管理咨询时又学了麦肯锡的战略理论，可谓双管齐下。但是回想起来自己曾经做过的战略咨询服务真是误人子弟，无比尴尬。

直到杰克·特劳特《什么是战略》一书出版，我才找到了基本正确的战略定义：**战略就是让你的企业与产品在潜在顾客的心智中与众不同**。之所以说这一定义基本正确，是因为它找到了正确的战场——顾客心智以及心智之战的正确目标——与众不同。遗憾的是这个定义在理论提炼上仍差了一小步，因为它把企业和产品作为竞争单位了。

综合前人的理论成果，再结合竞争的基本单位是品牌的结论，升级定位理论提出了战略的最新定义即战略二分法：**战略分为企业战略和品牌战略，品牌战略是企业战略的基本单元，企业战略等于品牌战略之和**。企业战略就是发现新品类和定位的机会，并用品牌战略去捕捉适当的机会；如果只捕捉一个机会就是单品牌企业战略，如果捕捉多个机会通常应该采用多品牌企业战略。

品牌战略 = 定位 × 配称。定位这个词已经多次提及了，这里我给出正式的定义：**定位就是存在于顾客心智中的能够关联到品牌的一个概念**。比如我在培训课堂上提到"空调"这个概念，多数人会说出格力，提到"最安全的轿车"，多数人会说出沃尔沃，提到"去屑洗发水"，多数人会说出海飞丝。因此，空调、最安全的轿车、去屑洗发水这些概念都是顾客心智中存在的定位。

配称就是驱动品牌去占据某个定位的全部运营活动，就是让品牌和定位产生双向关联，提到品牌顾客就能想到定位，提到定位顾客就能想到品牌。只有在定位理论语境下，企业的运营活动才被称为配称。

"配称"的英文是 fit，意思是"搭配相称"，中文翻译有点突兀，但是这种"横空出世"的新名词有不易混淆的好处。比如"定位"这个词，因为有广泛用途，反而容易被误用，例如产品定位、渠道定位、价格定位、部门定位这些都不是真正的定位。要是我来翻译，我会把定位翻译成**"心锚"**——**心智中可以让品牌挂钩的锚点**，这样一看就是专业名词，就不会被外行乱用了。

正确区分企业战略与品牌战略

由于缺乏"战略二分法"知识，很多企业在实践中容易陷入误区。典型的就是不知道企业增长和品牌增长的关系。很多时候，品牌增长会破坏定位，但因此就必须放弃企业增长吗？或者，企业要增长，就必须靠现有品牌的增长吗？

以上市公司全聚德为例，全聚德公司当然要追求增长，这样才能为股东提供更好的回报。但是怎么增长？由于缺乏正确的战略理论指导，全聚德公司进入了追求全聚德品牌增长的误区，通过发展全聚德品牌加盟小店来实现增长，结果损害了全聚德品牌的定位，业绩反而下降。

原本在顾客心智中，全聚德是正宗的北京烤鸭，是去北京旅游的目的地之一。全聚德的品牌战略应当不断强化这一定位，宣传"长城故宫全聚德，缺一不算游北京"，保持大店直营不出京城，同时增加消费的仪式感和文化内容，大幅提升品牌彰显价值和溢价能力。全聚德的企业战略应当是多品牌战略，利用其上市公司的综合优势，不断收购其他中华老字号品牌，比如德州扒鸡、宣字火腿，这样一来，全聚德就有可能做成千亿市值的中华老字号集团。

宝洁就是熟练运用多品牌战略的典范。宝洁仅在洗发水品类中就通过飘柔、潘婷、海飞丝等5个品牌占据了全球70%的洗发水市场。通用汽车公司曾经也通过5个汽车品牌占据了北美汽车市场60%的市场份额。多品牌战略最成功的中国实践者非阿里巴巴公司莫属。阿里公司用多品牌占据了顾客心智中的多个品类，如淘宝、天猫、支付宝、余额宝、菜鸟物流、芝麻信用、高德地图、钉钉、闲鱼等，产生了丰硕的经营成果，成为全球市值最大的公司之一。

正确区分企业战略和品牌战略，还能帮助我们在品牌面临危机时做出拯救品牌还是拯救企业的正确决定。如果品牌危机是由品类衰亡引起的，那么正确的决定就是救企业而非救品牌。比如胶卷品类衰亡时，应该拯救的是柯达公司而非柯达品牌，柯达公司管理层却浪费时间为柯达换标，以为设计出更时尚更有科技感的柯达标志就能让消费者重新喜欢柯达品牌，结果耽误了战略转型的时机，不得不申请破产保护。

柯达的竞争对手富士就能分清楚企业战略和品牌战略的区别。在胶卷品类衰亡时，作为胶卷品牌的富士不值得挽救也不可能被挽救，但富士作为企业可以被挽救而且必须挽救。富士公司在长期的胶卷生产中积累了不少核心技术，所以它依托先进的纳米合成技术成功进入了制药领域，依托先进的胶原蛋白处理技术成功推出了胶原蛋白护肤品牌艾诗缇。据报道，如今富士公司的利润已经超过了它做胶卷时期的利润。

▪▪▪ 本章小结 ▪▪▪

本章从逻辑和实证两方面展示了定位理论的三大贡献之二"竞争的基本单位是品牌"，并以此结论为基础，重新定义了什么是战略，提出了企业战略与品牌战略的二分法：企业战略 = Σ 品牌战略，品牌战略 = 定位 × 配称。之所以用乘法表示定位和配称的关系，就是提醒你不要问"定位和配称哪个更重要"这种问题。

第 6 章

定位理论三大贡献之三：
品牌是品类及其特性的代表

品牌是品类及其特性的代表

第 5 章讲到品牌战略 = 定位 × 配称，其中"定位"是顾客心智中能够关联到品牌的一个概念。比如提到"最安全的轿车"，顾客就会想到"沃尔沃"这个品牌。"最安全的轿车"这个定位概念由两部分组成：一部分就是它的中心词——"轿车"，这在定位理论中被称为"品类"；另一部分就是它的定语——"最安全"，这在定位理论中被称为"特性"。

同理，空调也是一个品类。说到空调时，多数人首先会想到格力。为什么会首先想到格力？因为格力占据了空调品类的一个特性：市场第一或者说领导者地位。"市场第一（的空调）"和"最安全（的轿车）"，两者都能帮助顾客在同一品类的不同品牌之间进行选择，所以它们都是特性。

需要注意的是，特性不能脱离品类而单独存在，脱离品类的特性无法构成定位。比如，抽象的"安全"概念无法关联到品牌，因为不同品类对安全的定义有天壤之别，安全轿车的安全和安全软件的安全就不是一回事。

因此，品牌是品类及其特性的代表，是占据了某个定位的一个名字，所以格力是品牌，沃尔沃也是品牌，这是定位理论对品牌的重新定义。在传统理论中，品牌是一个复杂的概念，是物理呈现和法律权利组成的一个综合体，有时被称为品牌资产。由于缺乏定位理论视角，品牌资产的特殊性就得不到正确认识，于是管理者就会像对待其他资产一样尽可能地提高品牌资产的利用率，这导致了不少品牌理论误区。

品牌延伸误区

比如所谓的"母子品牌"理论，就是用知名度大的母品牌去背书子品牌。这种做法看起来是对母品牌资产的充分利用，实际上是需要顾客去识别、记忆两个名字的，结果顾客就会困惑哪个名字才是真正的品牌名，徒增混乱。

比如"养元六个核桃"，顾客会无视"养元"这个母品牌名，只会记住"六个核桃"这个子品牌名；又比如"海尔小神童"洗衣机，顾客会认为品牌名是"海尔"，"小神童"只是产品系列编号，和 iPhone 6s 中的 6s 一样。

提高品牌资产利用率的另一个陷阱是品牌延伸，就是将品牌用在多个品类的产品上，以促进所有产品的销售。当企业采用品牌延伸做法时，在品牌宣传上会陷入两难的抉择。

一种选择是阶段性地宣传一个品类，但这种做法会带来顾客认知的跷跷板效应，即强化一个认知时必然弱化另一个认知，从而导致顾此失彼。比如百度进入外卖市场时大力宣传百度外卖，那么在顾客心智中百度搜索的专业性必然下降，从而给百度搜索的竞争对手留下可乘之机。不过，由于百度搜索的认知太强大，结果百度外卖就像是不务正业一样，在顾客心目中的专业地位较低，很难在美团、饿了么的激烈竞争下存活，最后不得不卖掉该业务。

另一种选择就是不宣传具体品类以避免顾此失彼，但这样做的结果通常是无意义的宣传口号，使得品牌在顾客心智中面目模糊，削弱品牌的心智预售能力。比如格兰仕用品牌延伸的方式推出了格兰仕空调，为了避免品牌宣传中的顾此失彼，它的Slogan变成了"全球制造，专业品质"，这对顾客来说毫无意义。

如果格兰仕避开品牌延伸，用新品牌做空调，让格兰仕品牌只代表微波炉，那么它的Slogan可以是"全球微波炉，一半格兰仕"，这是一个强大的品类领导者定位，可以有力地抵抗美的微波炉等延伸品牌的威胁。因为消费者在没有专家型品牌可供选择时，就会优先选择更有名的延伸品牌。格兰仕失去微波炉专家型品牌定位后，面对美的微波炉这种延伸大品牌就会变得无险可守。

品牌形象论误区

当企业采用品牌延伸策略而又想避免跷跷板效应时就很容易陷入另一个误区：品牌形象论。由于一些国际著名广告公司的推波助澜，品牌形象论成了影响最广的品牌理论误区。

比如海尔因为将品牌延伸到了多种电器，企业内部的不同产品就会竞争广告预算。在这种情况下，"海尔，真诚到永远"这样的形象广告能让各产品部门利益均沾，因此更容易在内部通过。但这种形象广告让海尔不再代表任何一种电器，从而陷入了

第 6 章
定位理论三大贡献之三：品牌是品类及其特性的代表

缺乏定位的运营效益竞争，所以张瑞敏才会感叹"海尔的利润比刀片还薄"。

我曾经和一位支持品牌形象论反对定位理论的朋友争论，争论过程中我发现他穿着耐克运动鞋，就举例说"你买耐克多半因为耐克是全球运动鞋第一品牌"，他马上反驳说"我才没那么俗气，我是因为认同耐克'一切皆有可能'的价值主张才买的"。当然，我们都知道"一切皆有可能"并不是耐克的主张。这个例子说明，美好形象是领导品牌的特权，如果你不是领导品牌，你的形象广告就会被顾客忽视甚至被误以为是领导者说的。

品牌形象论能成为影响广泛的误区，说明它在实践中肯定有产生效果的时候，否则早就被实践抛弃了。我们经过深入探究就可以发现，品牌形象广告有效的情形都属于错误归因，也就是说把其他原因产生的效果错误地归功于品牌形象广告，这才导致品牌形象论得以流传。

被错误归功于品牌形象论的首要原因是有传播胜无传播。比如"维维豆奶，欢乐开怀"就是典型的品牌形象广告，但看起来很有效。为什么？因为顾客没有见过其他豆奶品牌的广告。因此，维维豆奶广告的有效性并非因为"欢乐开怀"这个形象，而是只有它在做广告。

如果它的广告语改成"维维就是豆奶，豆奶就是维维"，同样有效，因为有传播胜无传播。如果有定位理论的指导，更有效的广告语应该是"维维豆奶，植物蛋白，更适合中国人"，因为领导品牌应该为品类代言，做大豆奶品类需求，品类领导者会是最大受益者。

被错误归功于品牌形象论的第二大原因是强媒介胜弱媒介。 20世纪90年代，成为央视标王的品牌，大都取得了短期的快速增长，这是因为在一堆没有定位的品牌中，顾客会觉得能做央视广告的品牌是有实力的大品牌，买起来更放心，这就是强媒介胜弱媒介背后的原理。同样的道理，强媒介胜弱媒介还体现在品牌代言人的使用上：用一线明星代言，顾客更容易把你当作一线品牌；用二线明星代言，顾客就容易把你当作二线品牌。

在有传播胜无传播的环境中，在电线杆上做医疗广告也有效，但在传播噪声不断升高时，就要到更强的媒介，比如互联网或电视上做广告才有效。到了竞争者都开始重视传播并付得起相应广告费的过度传播环境中，靠有传播胜无传播、强媒介胜弱媒介起作用的品牌形象广告就越来越难奏效，**有定位胜无定位**的因果关系就变得明显了。比如，"好空调，格力造"就比"海尔，真诚到永远"有效得多。

近年来，电梯媒体中的定位广告越来越多，这表明广告咨询市场正在被定位理论占领，品牌形象论的日子越来越不好过。

生活方式品牌误区

随着无印良品这类品牌的兴起,"生活方式品牌"的说法出现了。生活方式存不存在?当然存在,但生活方式不是一个品类,也不是任何单一品类所能塑造的,比如城市生活方式、农村生活方式、宗教生活方式、学生生活方式,这些生活方式各自涉及相当多的品类,并且包含一些相对独特的品类,比如一位无神论者通常不会消费香烛。更重要的是,生活方式的定义和边界是模糊不清的,因为一个人往往会同时生活在多重生活方式中。

即使被认为是生活方式品牌的无印良品,我在很多场合问"无印良品是什么",听众的回答也是五花八门,但问"优衣库是什么",听众的回答则高度一致:卖衣服的。由于无印良品没有明确界定自己是什么,所以就很难完成心智预售,顾客就只会在逛街时看到无印良品才会产生需求。这导致什么都卖的无印良品,其销售额却只有优衣库的六分之一。

当然,生活方式与品牌经营并非毫无关系,被顾客认识到的生活方式可以成为品类的一种特性,成为定位的一部分,这种特性叫作"受青睐",也就是被某个人群喜欢,其中就包括了被某种生活方式的人群喜欢,比如耐克运动鞋早期定位就是"受专业运动员青睐的运动鞋"。以后还会详细讲差异化定位的方法,这里先不展开。

虽然具体明确的生活方式可以成为一种特性，但特性不能脱离品类而存在，所以不存在只代表生活方式而不从属于某个品类的品牌。但由于缺乏正确的理论指导，以生活方式品牌自居的品牌几乎都忽略了品类，因此都无法进入顾客心智。其实无印良品所从属的品类应当是日用百货店，但无印良品从不明确自己的品类，导致定位模糊不清，尤其是无印良品被沃尔玛收购后，连咖喱酱都卖，定位就更加模糊了。

> **▪▪▪▪ 本章小结 ▪▪▪▪**
>
> 　　品牌就是占据了某个定位的名字，代表某个品类及其特性。品牌实践中常见的三大误区是品牌延伸、品牌形象论、生活方式品牌。
>
> 　　用一个名字占据顾客心智中的某个定位，可以形象地称为品牌在顾客心智中注册。在现代经济中，为了更好地保护品牌，企业还需要将品牌在商标局注册，成为注册商标。但注册商标不等于品牌，因为如果没有在顾客心智中注册，它就只是一个纯粹的商标。
>
> 　　在商标法出现之前，品牌只能在顾客心智中

注册，靠顾客认知优势保护，体现为顾客对冒牌产品的鄙视和拒绝。但如果没有办法制止冒牌行为，顾客的信息费用就会大幅增加，品牌机制就会被限制在熟人社会，阻碍更大范围的专业分工。

因此，用法律保护品牌，制止品牌仿冒行为，是一项巨大的进步，它使品牌在降低交易费用、提升经济效率方面的作用越来越大。

第二部分

定位的基本操作

第 7 章

品牌三问之一：你是什么

品牌三问概述

经验告诉我们，当顾客首次听说一个陌生的品牌时，他通常会问三个问题。

第一个问题：**你是什么？**答案就是品牌所归属的品类，品类是定位理论的核心概念之一，也是本章要讲解的重点。

第二个问题：**有何不同？**答案就是品牌对顾客有意义的竞争性差异，这个差异在升级定位理论中被称为"特性"。

第三个问题：**何以见得？** 答案就是让品牌差异化显得可信的证据，这种证据在定位理论中被称为"信任状"。

品牌三问是品牌与顾客最重要的沟通，顾客面对新品牌本能地想知道这三个问题的答案，因为这是顾客了解一个品牌最省力、最高效的方式；品牌经营者清晰准确地回答这三个问题，能够大幅度提高沟通效率，让品牌快速到达顾客心智中的正确位置。

"品牌三问"随着我的文章已流传甚广，但有人自作主张地将第一问改成了"你是谁"，结果反而产生误导。"你是什么"答案指向品类，是物而非人；"你是谁"则暗示一个人格化的答案，偏离品类。更有甚者，将第一问改成"我是谁"，连沟通对象的暗示也没了，变成了自言自语。因此品牌三问的问法最好一字不改。

品类、抽象品类、伪品类

本章主要讲解品牌第一问"你是什么"，它的答案就是某个品类。"品类"这个词在前面章节中已经多次出现，但并没有给出正式的定义。

定位理论创始人之一艾·里斯先生的《品牌的起源》一书正式奠定了品类概念在定位理论中的核心地位，对定位理论的发展做出了巨大贡献。里斯先生从生物进化论得到启发，发现商业也是一个演化中的生态系统；品类则是商业的物种，具有和生物物种相似的演化规律，比如进化、分化、衰亡。

抛开启发性的类比，品类的正式定义是什么呢？**品类就是顾客在购买决策中所涉及的最后一级商品分类，由该分类可以关联到品牌，并且在该分类上可以完成相应的购买选择。**

比如提到可乐，顾客能够想到可口可乐；提到空调，顾客能够想到格力；提到矿泉水，顾客能够想到农夫山泉；提到超市，顾客能够想到沃尔玛。因此可乐、空调、矿泉水、超市这些都是品类。

然而有一些分类，顾客在购买决策中确实会涉及，但不是最后一级分类，顾客并不能基于该分类完成购买选择，而且该分类通常也关联不到品牌，这样的分类概念就是抽象品类。为了强调与抽象品类的相对性，有时也把"品类"叫作"具体品类"。

比如，在装修的某个阶段顾客会说"该买电器了"，"电器"这个概念是顾客真实用到的；但如果家人让你去买一台电器，你一定会问"买什么电器？空调、冰箱还是洗衣机？"又比如，现代人关注健康，每天要吃水果，水果这个概念也是顾客真实使用的；但如果家人让你去买水果，你多半也会问"想吃什么水果？苹果、橙子还是香蕉？"因此，电器、水果都是抽象品类。

抽象品类加上表示销售场所的字眼往往可以转化为具体品

类，比如电器可以转化成电器店、水果可以转化成水果店，它们分别又可以关联到苏宁、百果园等品牌，这样一来电器店、水果店就不再是抽象品类，而是具体的渠道品类。渠道品类涉及品类三界论，这部分内容将在第15章中详细阐述。

除了品类和抽象品类，还有一些分类概念，比如白电、厨电等。这些概念顾客在购买决策中根本不会涉及，只是业内人士或行业研究者才使用它们。但有的企业不明就里就把它们当作品类和顾客沟通。比如，有品牌说自己是"白电专家"，也有品牌说自己是"厨电专家"，在这种使用方式中"白电""厨电"就成了伪品类，也就是虚假品类。为了强调与伪品类的相对性，有时也把"品类"叫作"真品类"。

伪品类是常见的营销陷阱，当企业涉足多个品类的产品时，很容易发明一个企业内部的分类概念去概括这些产品。比如方太曾经宣传"方太，高端厨电专家与领导者"，当只有方太做广告时它的销量增长不错，因为有传播胜无传播；但当竞争对手也开始做广告并大力宣传"老板，大吸力油烟机领导品牌"时，形势就发生了逆转，因为"厨电"是伪品类，而"油烟机"是真品类。

品牌只有明确品类归属，才能有效对接顾客需求。这是因为品类还有另外一个定义，就是满足需求的具体手段而且被顾客以自己理解的方式做出的分类。因此每个具体品类都对应着顾客的某种具体需求，明确了品类也就对接了需求。如果一个品牌不明确它归属的品类，或归属于一个伪品类，顾客就很难在产生需求时想到它。

高维学堂有个学员做的餐饮品牌叫"浅厨"，一开始浅厨的生意清淡，上过升级定位课后，这位学员就把门店招牌从"浅厨"二字改成了"浅厨食街"，生意立即增长了20%。原来，很多顾客误以为"浅厨"是家厨具店。明确品类后，有效对接了顾客需求，进店率就大幅提升了。海底捞虽然已经有如此大的名气，但它依然在门店招牌上标明"海底捞火锅"，就是为了明确品类有效对接顾客需求。这种做法值得众多餐馆学习。

品类的进化、分化与衰亡

关于品类，还有很多重要的知识点，比如品类的进化、分化和衰亡，类似于生物界物种的进化、分化和灭绝。

品类进化就是品类的不断完善，变得功能更强大，性能更稳定，使用更方便，性价比更高。

可以想象，鞋子品类的起源，很可能是因为某个原始人的脚受了伤，就用树皮包住脚走路，结果发现非常舒服，于是伤好之后仍然喜欢在脚底绑上树皮，最原始的鞋就这么诞生了，之后经过不断改进，比如为了让穿鞋和脱鞋更方便，不再用原始的捆绑方式，于是有结构的真正的鞋子就出现了。

品类进化现象无处不在，智能手机就是品类高速进化的一个典型例子。它进化的速度非常快，通过不断升级换代增加功能，几乎消灭了照相机、收音机、录音机、手表、闹钟、手电筒、钱包等品类。当然，也有不少品类进化较为缓慢，比如可乐、扒鸡、盘子、筷子等。

品类分化现象则是一种更为强大的商业力量，因为品类分化促进了新品类的不断产生，创造了古人无法想象的丰富多彩的现代生活。开创和主导一个新品类是打造强势品牌的最佳途径。商业的历史表明，绝大部分的强势品牌都是在品类兴起的初期打造出来的。

品类的分化也遵循着一定的规律，和物种的分化很相似。

首先，品类的进化更好地满足了顾客需求，使得顾客对品类的需求越来越大，但也会变得众口难调。比如随着鞋子的进化，穿鞋的人越来越多，但不同人对鞋子有不同的要求，有人要求柔软，有人要求结实，有人要求透气，有人要求防水，有人要求时尚，个性化需求其实是无止境的。

但是当品类总规模很小时，个性化需求就达不到经济上可行的规模，所以没有企业去生产；当品类成长到足够大规模时，个性化需求也能达到经济可行规模，就会有企业针对该小众需求去做差异化的产品，当差异化大到一定程度时，顾客就会认为新产品是不同的品类，这就叫作"**认知隔离**"。认知隔离是新品类形成的标志，就像生殖隔离是新物种形成的标志一样。

以鞋子为例，为了方便随时穿和脱，出现了没有后跟的鞋子，顾客看到这种鞋子和正常的鞋子很不一样，就会认为那是一种新的鞋子品类——拖鞋。鞋子品类分化的方式很多，比如用完全不同的材料，顾客就认为是不同的品类，例如草鞋、布鞋、皮鞋。除了按材料分化，还可以按用途分化，比如运动鞋、劳保鞋、雨靴。而且这种分化是没有止境的，品类完全分化之后，原来的品类就变成了抽象品类。早些年运动鞋是一个具体品类，一双运动鞋做什么运动都能穿。但现在运动鞋已经变成了抽象品类，如果家人让你去买一双运动鞋，你多半要问"什么运动鞋？球鞋、跑鞋还是旅游鞋？"早些年一双球鞋打什么球都能穿，但现在连球鞋也变成抽象品类了，它分化成了足球鞋、篮球鞋、羽毛球鞋、网球鞋、高尔夫球鞋等（见图7-1）。

由于顾客是由众多个体组成的，他们不会一致行动，所以就会存在品类分化标准不统一，分化程度不统一的现象。比如，沙滩鞋是从凉鞋还是拖鞋里分化出来的，没有唯一标准，也不需要唯一标准，因为画品类分化树的目的不是得到一个学术结论，而是去发现可能的品类分化机会。

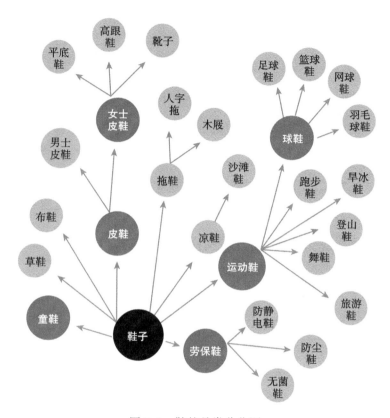

图 7-1 鞋的品类分化图

分化程度不统一，是指在不同顾客中品类的分化程度不一样，对应着**品类的不完全分化现象**。例如，在葡萄酒重度消费人群中，葡萄酒已经分化成黑皮诺、解百纳、赤霞珠、气泡酒、贵腐酒、干白、冰酒等品类，而在小白顾客中葡萄酒也许只分化成了红葡萄酒、白葡萄酒两个品类。

品类不完全分化现象往往预示着某种趋势，因为任何品类分化都是从少数顾客的认知开始的，不可能一夜之间家喻户晓。这种不完全分化能否扩大到广普人群，成为完全分化的新品类，这是企业家要去判断的重要问题，也就是识别新品类的机会。

定位圈有一则争议性的广告叫"郎酒，中国两大酱香白酒之一"。针对这则广告的主要反对意见就是"很多顾客都不知道酱香白酒这个分类"。实际上，白酒重度消费人群大多知道酱香白酒这个分类，而且知道其代表品牌是茅台。因此，酱香白酒是白酒品类的不完全分化，由于酱香白酒味觉区分度足够高，因此将来很有可能成为广普人群接受的白酒品类分化。

品类的分化是无止境的，但现存的品类却是有限的，因为品类也像物种一样，会灭绝。地球装不下无穷多的物种，同样，顾客心智也装不下无穷多的品类。新品类的产生就意味着竞争，意味着老品类的顾客流失，最终会导致老品类的衰退。当老品类的顾客流失到失去经济可行规模时，企业就会停止生产，导致该品类的消亡。比如电灯消灭了煤油灯，也消灭了作为照明用途的蜡烛，但从蜡烛品类分化出来的生日蜡烛、香烛、香熏蜡烛还继续存在。

所以，品牌的生命力取决于品类的生命力。当品类消亡时，品牌也会随之消亡，但企业可以用新品牌去把握新品类机会从而获得更长久的生命力。绘制品类分化树，有助于企业把握品类分化趋势，发现新品类机会。

▪▪▪ 本章小结 ▪▪▪

任何一个品牌都应当清晰地向顾客回答三个问题:"你是什么""有何不同""何以见得"。第一个问题的答案是品牌所归属的品类,品类是顾客完成购买决策前的最后一级商品分类,由此分类可以关联到品牌并完成购买选择,品类也是顾客对满足需求的手段的分类,因此品牌明确品类归属才能有效对接顾客需求。品类和物种一样存在进化、分化和衰亡现象。品类分化是新品类和新品牌的主要来源。

第 8 章

品牌三问之二：有何不同

特性的定义

顾客知道了你的品牌"是什么"之后，接下来最想知道的就是"有何不同"，即特性，也就是说你的品牌与竞争对手的区别。**这个区别不能自说自话，必须是顾客理解并认可的有意义的竞争性差异**。这样顾客才会认为你的品牌有价值，值得与他脑海中某个概念关联在一起，这个概念就是前面讲过的定位。因此，回答有何不同，也就是要回答品牌的定位是什么。

有不少品牌自以为回答了有何不同，顾客听来却莫名其妙。

是否有效回答了"有何不同"这一问，主要标准就是看顾客会否追问"那又怎样"。比如，面对"恒大冰泉，一处水源供全球"的广告，大多数顾客都会困惑"那又怎样"，因为对顾客来说"一处水源供全球"没有意义，显然不如"每瓶水都来自长白山冰川"。

回答"有何不同"所针对的竞争对手不一定是同一品类的品牌。如果你的品牌开创了一个新品类，那么竞争对手就是竞争品类，"有何不同"的答案就要代言新品类核心价值，也就是新品类的首要特性，比如"凉茶"的首要特性是"预防上火"。绘制品类分化树有助于找出品类分化依据和新品类的首要特性。

顾客心智地图

在既有品类中找出品牌"有何不同"的过程，就是找出空白定位或确认品牌已有定位的过程，以便设计相应的配称去占据一个空白定位，或者优化配称去强化品牌已有定位。

寻找定位的最重要工具就是顾客心智地图。顾客心智地图通常画成三个同心圆，在内圈写上你的品牌归属的品类。以洗发水的心智地图为例，内圈写上"洗发水"三个字，然后在中圈写上你的品牌和各个洗发水品牌，比如飘柔、潘婷、海飞丝、伊卡璐、康王、霸王、奥妮等（见图8-1）。之后在外圈写出每个品牌所占据的定位概念，这种定位概念也叫作"特性"，呼应着前面我们学过的知识点："品牌是品类及其特性的代表"。我们可以用短线把定位概念和品牌名字相连以避免混淆。找出所有竞争品牌的定位是工作量最大的步骤之一，因为需要做大量的调查研究。

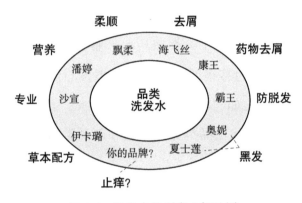

图 8-1　洗发水的顾客心智地图

心智调研的方法很多，可以聘请专业市场调查机构，也可以自己做顾客访谈。这里推荐一种简便快速的调查方法，叫作**广告考察法**，就是考察各品牌所做的广告宣传，如果某个品牌的广告宣传长期传达了鲜明稳定的定位概念并且有较大的市场份额，可以认为该品牌已经占据了它所宣传的定位。

运用广告考察法分析，我们就会发现在洗发水品类中，飘柔占据了"柔顺"特性；潘婷占据了"营养"头发；海飞丝占据了"去屑"；康王占据了"药物去屑"，是比海飞丝更强的去屑特性；

霸王则占据了"防脱发";伊卡璐占据了"草本配方";清扬则缺乏稳定的诉求,从"男士专用""去头屑"到"黑发"诉求都有,因此是一个定位不清晰的品牌;本土品牌奥妮曾经依靠"黑发"定位在外资品牌的包围中崛起,但后来放弃"黑发"定位去抢夺更有价值的"飘逸柔顺"定位,结果因为与飘柔同质化竞争而陷入困境。

如果你的品牌已经占据了一个有利定位,最佳做法是强化已有定位,而不是眼红别人的定位,除非更有价值的定位处于空白状态而且你的品牌现有定位不利,才应该考虑重新定位。即使如此,也要考虑是否应该使用新品牌去占据该空白定位。

发现空白定位需要洞察消费者未被满足的需求,比如洗发水的"止痒"特性,似乎还未被哪个品牌占据,但企业需要评估其价值大小,有多少顾客看重这个特性,看重的程度高低,也就是付费意愿高低,如果达不到经济可行规模,那这个特性就不值得去占据。

另外也要防止极端怯战倾向,即凡是有品牌主张的定位就一律不敢争抢。实际上,竞争品牌虽然主张了一个定位,但不代表它已经占据了该定位。如果竞争品牌的知名度很低,市场份额很小,经营能力很差,而你的企业实力强大,经营能力很强,你就可以后发先至,以更快的速度和更高的效率去抢占定位,抢占市场。

物理特性

在洗发水心智地图案例中，列举的各竞争品牌占据的特性都是**物理特性**，即产品内在的功能性利益点，比如"去屑""柔顺""营养""防脱发"等。物理特性是最丰富的差异化来源，并且可以进一步划分为"**直接的物理特性**"和"**间接的物理特性**"两大类：

（1）**直接的物理特性就是顾客可以直接感知的功能、性能或便捷性**。每个品类都有自己的一组物理特性，是最丰富的差异化来源。比如酸奶品类有"鲜牛奶制作""低脂""高钙""含欧米伽脂肪酸"等特性，智能手机品类有"速度快""信号稳定""电池耐用""操作简便""安全""自带美颜拍照"等特性，酒店品类有"干净""助眠""停车方便""包接送"等特性。

（2）**间接的物理特性不能被顾客直接感受，但能唤起顾客对一个或多个物理特性的美好联想**，主要类型包括制造方法、所用标准、新一代。

"**制造方法**"包括纯手工、纯天然、无添加、长时间（例如"晒足180天"）、多工序（例如"三腌三榨"）、生产环境（例如"产自深海"）等；

"**所用标准**"包括国家标准（例如美国标准）、国际标准（例如欧盟标准）、商业标准（例如有机认证）等；

"新一代" 可视为一种非正式标准或品牌自定义标准，在技术进步较快的品类特别是科技和软件类产品中，"新一代"是更好的替代说法，比如"第3代准分子激光近视治疗"。

市场特性

经验告诉我们，左右顾客选择的并非只有物理特性。比如，优诺酸奶导购员会对顾客说"优诺只做酸奶""优诺是上海卖得最好的酸奶""优诺是源自法国的酸奶品牌"，实践证明这类说法有很强的销售力，"只做酸奶""卖得最好""源自法国"这类**能够左右顾客选择的市场表现，就是品类的"市场特性"**。

当产品层面同质化比较严重时，在物理特性中寻找差异化就很不容易，这时市场特性对顾客选择的影响往往更大。市场特性也可以进一步划分为**"身世类市场特性"** 和**"现状类市场特性"**：

（1）**身世类市场特性是顾客重视的、与品牌历史相关的事实，除非被证伪，否则不会随时间推移而消失，主要类型包括开创者、正宗、经典、有故事。**

"开创者" 是指品类发明者或率先进入者。顾客通常会认为开创者代表着原创，拥有更多专业知识，从而拥有更好的品质，甚至会通过购买开创者品牌来彰显其尊重原创，鄙视山寨的价值观；但是对于技术含量低到只有一层窗户纸的原创，比如一次性筷子，其开创者的地位就不高。

"正宗" 指品牌来自品类强势发源地或者有着品类开创者的传承（并非开创者），比如法国红酒、瑞士手表、重庆火锅、王老吉凉茶等。

"经典" 指拥有悠久的历史积淀，它为顾客提供了经过长期验证的安全感。顾客相信经过足够长时间考验的品牌，因为这样的品牌必有过人之处，而且如有问题应该早就被发现了。所以"德州扒鸡，327年传承美味"就让顾客有强烈的尝试欲望。

"有故事" 包括有价值的历史或与重要的事件有关。比如"黄鹤楼""滕王阁""井冈山"就都是有故事的景点品牌。滕王阁为了强化其故事，甚至对能够现场背诵《滕王阁序》的游客免门票。

（2）**现状类市场特性**是品牌目前做法及取得的市场地位，这些特征有可能随着时间推移而消失或改变，主要类型包括领先、热销、专家、受青睐、价位。

"**领先**"指不同程度的市场优势,包括"**领导者**""**局部领先**""**前 n 强**"等。"**领导者**"是品类主导者,它获得了最多主流顾客选择,它能激发从众效应,为顾客提供强大的安全感。顾客会认为领导品牌各方面都不错,所以领导品牌才会被多数主流顾客选择,比如 iPhone 手机。"领导者"是品牌能够获得的最强定位。"**局部领先**"是在某段时间、某个区域、某个渠道领先,比如"双 11 销量第一的冷萃咖啡""本地卖得最好的啤酒""便利店卖得最好的面膜"等。对于新兴品牌来说,取得"局部领先"是通向"领导者"定位的重要途径。"**前 n 强**"为寻求多样化选择的顾客提供了一个重要的选择理由,比如"中国两大酱香白酒之一""中国十大旅游景点"。

"**热销**"指供不应求或者快速成长的黑马。顾客认为热销品牌多半有其过人之处,并且具备谈论价值。购买热销产品往往能彰显顾客信息灵通、引领时尚的特点,比如要排队购买的喜茶、奈雪的茶、茶颜悦色、鲍师傅糕点以及快速崛起阶段的小米手机。

"**专家**"指专注于某个品类或市场,顾客通常认为专家品牌在其专注的领域拥有较多专业知识,更值得信赖,比如"天图资本,专注消费品投资""劲霸男装,专注夹克 29 年""志公教育,专注广西公考辅导"。对于 B2B 品牌，"专家"是最常用的定位之一。

"受青睐"指被某个高势能人群或亚文化人群喜爱。高势能人群可能有更佳的鉴别力和更高的社会地位；亚文化人群则代表着某种价值观、生活方式，这两种人群都能够引发特定人群的从众性购买。购买受青睐的品牌可以获得安全感，还能彰显购买者的品位、价值观、道德准则、经济地位、文化身份、生活方式等，是彰显价值的主要来源。比如江小白利用受青睐特性把自己定位成"年轻人喜欢的白酒"。

"价位"指在品类价格变化范围中所处的位置，比如"高端""经济型"。但里斯和特劳特都强调"价格差异很难成为有效定位"，因为顾客只会为价值买单，但价格并非价值，且容易发生变化。因此，只有将价格差异转化为价值差异，才能在顾客心智中占据一个稳定而有利的定位。常用的转化方法就是将价格差异转化成"受青睐"，比如"高端"可转化成"受高收入人群青睐"，"经济型"可转化成"受理性顾客青睐""实用主义者的选择"。这个结论主要适用于产品品类，渠道品类则具有非常不同的特性集合，在后面"品类三界"论中再行论述。

▪▪▪ 本章小结 ▪▪▪

本章回答了品牌三问的第二问,也就回答了品牌的差异化,明确了品牌定位。为了寻找差异化,我们需要绘制顾客心智地图,常用的差异化可分为物理特性和市场特性两大类。物理特性指产品内在的功能性利益点,它可以分为"直接的物理特性"和"间接的物理特性";市场特性指能够影响顾客选择的市场表现,它可以分为"身世类市场特性"和"现状类市场特性"。对产品品类来说,价格差异很难成为有效定位,需要转化成相应的市场特性——受青睐。

第 9 章

品牌三问之三：何以见得

信任状的定义

当品牌宣称自己具备某种独特价值，也就是回答自己"有何不同"时，顾客通常会持怀疑态度，因为顾客习惯了商家的自卖自夸，不会轻易相信商家的说法，因此品牌需要拿出有力的证据，顾客才会将品牌关联到它主张的定位上。定位理论把这种证据叫作"信任状"。

信任状就是让品牌定位显得可信的事实。作为信任状的事实不一定是**客观事实**，也可以是"**认知事实**"，即在顾客认知中被当作事实的观念。比如，核桃补脑、阿胶补血、甘草解毒、绿豆清热等这些都是多数中国人的认知事实，不需要进一步的证明。认知事实对于品牌来说是一种必须正视的客观存在，至少应作为"准事实"对待，因为改变认知事实的难度并不亚于改造客观事实，而且从认知的物质基础来看，顾客的认知状态完全由顾客大脑中的物理状态决定，这种物理状态显然是一种客观存在。

那么，顾客判断品牌定位是否可信会基于哪些事实呢？按照不同事实的构建方式，大致可以分为三种类型，也就是**三类信任状：品牌可信承诺、顾客自行验证、可信第三方证明**，这三类信任状并不完全独立，而是存在交集。

第一类信任状：品牌可信承诺

第一类信任状就是品牌可信承诺，承诺的内容能够降低顾客的购买风险。比如，承诺让顾客免费试用、免费试吃。我们经常看到水果摊立个"先尝后买，不甜不要钱"的告示牌，为什么？就是因为摊贩在实践中发现，这种公开承诺能够打消或者降低顾客疑虑，提高销售效率。

让顾客在购买前无偿体验产品或服务，降低了顾客的决策风险，用经济学的说法就是降低了顾客的信息费用。虽然购买前无偿体验不需要顾客付出金钱成本，但仍要付出时间、精力等隐性成本。因此为了进一步降低顾客的购买风险，很多品牌都意识到还需要进一步的承诺，比如"七天无理由退货""无效退款"甚至"不满意就退款"，比如百果园很早就承诺"不好吃无条件退货"，就让顾客对它的水果品质产生了信任感。

如果产品达不到品牌所宣称的标准或不具备所宣称的优点，品牌做出这类承诺的代价就会非常高昂。如果太多顾客尝试后不买或买之后退货、退款，品牌就会面临口碑和财务的双重困境。但对于名实相符的品牌，由于其退货率较低，这种承诺的代价就比较低。不同品牌做出同样承诺的实际代价不同，使得品牌承诺变成了有效的信号博弈机制，那些对自己宣称的独特价值没有信心的品牌就不敢做出相应承诺，因此敢于做出这类承诺就让品牌定位显得可信。

当然，这类承诺的有效性不仅仅取决于承诺的内容，还取决于品牌是否有足够的抵押物，让顾客相信承诺能够兑现。比如，一个卖劳力士手表的地摊承诺"假一赔十"，顾客会相信吗？显然不会。品牌只有处于"跑了和尚跑不了庙"的状态，顾客才会相信其承诺。地摊是个随时能跑的"庙"，因此它的包赔承诺不可信。但顾客会在劳力士专卖店购买劳力士手表，因为奢侈品专卖店投资大，而且做了大量广告，做骗人的一锤子买卖是收不回投资的。

所以，能够作为抵押物的专用投资是品牌可信承诺的组成部分。这种抵押物可以是实物，比如门店、工厂，也可以是创始人声望等无形资产。比如雷军在做小米手机之前已经是成功的企业家，所以顾客相信他会追求更高的成就和声望而不会坑蒙拐骗。

前面我们讲到竞争的基本单位是品牌而非企业，一般而言，顾客只关注品牌而不关注企业。但如果企业因为巨大的商业成功变成知名企业，那么在企业擅长的领域，通常是在某个抽象品类中，企业能够作为品牌的信任状，因为企业声望成了一种抵押物，企业经营者不敢乱来。比如可口可乐公司出品的饮料品牌，宝洁公司出品的洗护产品品牌，苹果公司出品的数码产品品牌，顾客相信这些知名企业会在其建立声望的品类中有意愿、有能力坚持较高标准。

第二类信任状：顾客自行验证

第二类信任状是顾客能够自行验证的事实，包括产品本身的质量、性能、设计品位、包装品质、门店形象以及品牌的能见度，在哪些渠道销售，在哪些媒介做广告，哪些顾客在购买，排队购买现象，老顾客的口碑等。这是非常丰富的一大类信任状，这里只略举一二。

比如当我们出去旅游时，要找一家美食餐厅，就会选人多、排队的餐厅，而不是门可罗雀的餐厅。也许你会问，要是餐厅雇人排队怎么办？实际上，雇人排队只能吸引初次消费者，如果产品没有吸引回头客的实力，长期雇人排队在成本上是行不通的。因此作为消费者，在不了解情况时，选择人多的餐厅是一种优势策略。

所以产品本身通常就是品牌最基本的信任状。如果一个品牌宣称自己是高端品牌，但产品本身一看就做工粗糙、包装简陋，顾客就很难相信该品牌是高端品牌。如果顾客可以直接感知的品质是低劣的，就难以相信非直接感知的品质会是优良的。俗话说"人靠衣装马靠鞍"，这句话暗含的规律就是，人们会根据容易获取的信息去推断不容易获取的信息。

品牌能见度也是顾客可以自行验证的事实。如果一个品牌宣称自己是领导品牌，但在渠道和媒介中的能见度很低，顾客就会认为它的领导地位不可信。例如我曾遇到过一个自称某领域"第一人"的人，他托人邀请我参加他的讲座，结果我在百度搜索后发现，关于该人的信息一条也没有，于是我断定他并不是其所谓的"第一人"。

像星巴克、7-11、百果园这样的品类领导品牌，市场能见度就非常高，因为它们各自在中国市场都有数千家门店，所以顾客就容易相信这些品牌是各个品类的领导品牌。

顾客能够自行验证的事实有不少只是认知事实。例如"经常用脑，多喝六个核桃"这类广告就利用了"核桃补脑"这样的认知事实，让品牌的主张显得可信。人们只有经过长期科学思维训练或掌握相关科学知识，才能摆脱某些认知事实。许多认知事实即使不是客观事实，也能够顽强地代代相传，因为这些认知事实"殖民"新大脑的速度快于被人摆脱的速度。

利用认知事实可以构建信任状甚至是强大的信任状。但该不该用，哪些可用，用到什么程度是一个深刻的商业伦理问题，也是企业家价值观发挥重大作用的地方。我自己的原则是：对己科学主义，对人自由主义。

第三类信任状：可信第三方证明

第三类信任状就是可信第三方对品牌的证明或背书，包括政府或其他官方组织的认证、专业评价机构的评价或统计、专家型顾客或者有影响力的客户认可、权威著作的记载、与知名企业的业务合作、名人代言、权威媒体或 KOL（关键意见领袖）的报道或推荐、第三方担保或质量保险，等等。

相应的例子有：世界遗产委员会授予的文化遗产或自然遗产称号，国家授予的非物质文化遗产称号，中华老字号，欧盟 CE 认证，米其林餐厅认证，泰晤士世界大学排名，"双 11"销量排名，奥运会指定供应商，《本草纲目》的记载，采用英特尔或高通的芯片，由富士康代工生产，等等。

权威第三方证明通常是较为高级的信任状类型，所以是品牌广告中最常用的信任状类型，它能够提升品牌的保障价值和彰显价值。在天图的投资分析方法中，高级信任状也是品牌价值的重要组成部分。例如天图投资过的德州扒鸡是中华老字号，八马铁观音是国家级非物质文化遗产，周黑鸭则是中国驰名商标。

专家型顾客或者有影响力客户的认可是 B2B 类企业最常用的信任状之一，例如"服务了 30 家 500 强企业""服务了 20 家 100 强房企"。

名人代言是消费品品牌常用的信任状之一。因为顾客认为名人会爱惜自己的"羽毛"，不会为假冒伪劣产品代言。此外，顾客也知道越有名的名人其代言越贵，因此代言人的知名度反映了品牌的实力。

打造立体信任状

三大类信任状构成了品牌的多维度立体信任状，在协调一致的立体信任状的支持下，品牌定位才能被顾客充分信任，进入顾客心智。

百果园就打造了完整的三大类信任状：

其品牌的可信承诺就是"不好吃三无退款"。"三无"指的是"无理由、无小票、无实物",这一承诺将原来的"不好吃无条件退货"变得更加具体、可信,消除了顾客对退款的一切心理和实际障碍,让顾客的购买风险下降到几乎为零。

顾客自行验证的事实则包括数量众多的门店以及统一的、有档次的门店形象,还有"百果园的水果确实好吃"的顾客口碑。

可信第三方证明则包括"2015 年度亚洲果蔬零售商大奖""2015 年度中国连锁百强唯一水果企业""2018 中国独角兽百强榜"等。

市场特性与信任状的区别

需要指出的是,定位圈里有些人把市场特性与信任状混为一谈,例如把市场特性"热销"看作信任状。如果一个品牌宣称自己"热销",用这个定位概念来左右顾客的选择,那么顾客怎样才会相信这个说法呢?这就需要品牌拿出权威的统计数据,比如天猫销量的快速增长,排名的快速提升;或者由顾客自行验证,比如上街看看是否在排队购买或者看看媒体报道、朋友圈谈论。因此,**热销的概念(市场特性)和热销的证据(信任状)是两回事**。

▪▪▪ 本章小结 ▪▪▪

本章阐述了品牌三问的最后一问：何以见得，这个问题的答案就是品牌的信任状。

信任状就是让品牌定位显得可信的事实。信任状的事实既包括客观事实，也包括认知事实。认知事实就是被顾客当作事实的观念，品牌需要把这些观念当作准事实来对待。

信任状可以分为三大类型：品牌可信承诺、顾客自行验证、可信第三方证明，这三类信任状构成了多维度的立体信任状。

第 10 章

配称的三种分类

从本章开始讲解有关配称的知识，这是让定位落地的关键知识。对品牌三问的解答，让品牌找到了一个可行的定位，但要让品牌真正占据定位，还需要一系列的运营活动支持。

驱动品牌在顾客心智中占据某个定位的全部运营活动，在定位理论中都叫作配称。这样一个高度概括的定义并不能直接指导品牌的运营活动，必须对其分而析之，才能让我们获得更加具体的、可操作的知识。

分析是最重要的科学方法之一，因为分门别类的过程，是一个认知深入的过程。为什么要这样分而不那样分？这背后的逻辑代表着对事物的某种认知进步。比如，为什么把品牌战略分成定位和配称这两大部分？因为这样分可以反映出心智战场与物理战场的区别，定位发生在心智战场，配称发生在物理战场，因此这个分类代表着对商业竞争的某种认知进步。

界面级配称与非界面级配称

在品牌涉及的全部运营活动中，有的运营活动直接与顾客发生接触或者能直接被顾客感知，因而能够直接向顾客的心智传递信息，这类运营活动叫作**顾客接触点**。**依据是否为顾客接触点，就可以把配称分成两大类：界面级配称和非界面级配称。**

界面级配称包括品牌名和品类名、产品、包装、价格、门店设计、渠道、广告、品牌代言人、媒体报道、一线员工着装及言行、名片、官方网站、微信公众号、品牌推介物料等。非界面级配称则包括内部管理、后台业务、生产过程、供应链等。

显然，每一项界面级配称都是定位沟通的机会，企业需要仔细检查这些配称传递的信息是否与品牌定位一致，而且应当通过有意识的设计来提升定位沟通效率，并确保沟通的一致性。由于涉及非常广泛的运营活动调整，对决策权和专业度的要求都比较高，因此界面级配称是一把手或者CEO应该亲自指导并推动的工作。

租房平台巴乐兔的业务员穿着非常抢眼的红色工装在大街小巷

为租客服务，但工装上只有一个不起眼的兔子 logo 而没有任何文字，这就是对定位沟通机会的巨大浪费。一线员工着装是重要的界面级配称，既然花钱提供了工作服，就应当成为品牌宣传和定位沟通的载体。因此我建议企业在工装上印上自己的品牌名和广告语。

仅仅是划分出界面级配称，就能帮助企业发现一些运营上的盲区。比如餐馆的顾客通常会问到的 Wi-Fi 密码，这也是一项界面级配称，但绝大多数餐馆老板并没有意识到这一点，他们通常会设置成 6 个 6、8 个 8 之类的密码。但有一家连锁烧烤店就把 Wi-Fi 密码设置成"全球第一品牌烧烤"的首字母，于是每当顾客问密码时，店员就得大声说出"全球第一品牌烧烤首字母"，这是一个非常具有启发性的实践。

在有些情况下，界面级配称和非界面级配称可以相互转换，比如现在很多餐厅采用"明厨亮灶"模式，这就把以前的非界面级配称变成了界面级配称，能够传递安全、卫生、自信等信息。当然，也有相反的转换，比如过去有些餐厅会当面宰杀动物，以此表明自己的食材新鲜，但随着文化观念的变迁，宰杀过程通常会被隐藏，从界面级配称变成非界面级配称。

通用配称与专用配称

对配称进行分类的另一个重要依据，就是看某个运营活动是各竞争品牌通行的做法还是某个品牌独特的做法。**如果是通行做法，就是通用配称；如果是独特做法，就是专用配称。**

通用配称常常是参与市场竞争的基本功，比如满足国家质量标准或者其他合法性方面的配称。做不好这些配称，就连参与竞争的资格都没有。但是，能让品牌占据独特定位的只有专用配称；另一方面，一个有效的定位，通常也能够推导出一系列专用配称。

广告大师霍普金斯给喜立滋啤酒做过一个广告策划，提出的广告语是"喜立滋啤酒，每一个酒瓶都经过蒸汽消毒"，喜立滋啤酒的人知道每个啤酒品牌都是这么做的，因而表示不理解。但霍普金斯认为，虽然每个品牌都这么做的，可是没有一个品牌这么说过，因此说服了客户最终采用了这条广告语。这是 USP 理论（独特销售主张）的经典案例。但这个广告只起到了短期效果，根本原因就在于，顾客迟早会知道每个啤酒品牌都是这么做的，竞争品牌也会努力让顾客知道真相。

USP 理论在国内也不乏追随者，比如"农夫山泉，有点甜"的广告就是一个独特销售主张，因为没有别的品牌这么说过。但农夫山泉无法为"有点甜"这个主张建立专用配称，因为不可能人为添加甜味物质，"有点甜"也就成了说说而已。在面临纯净水的激烈竞争时，农夫山泉后来的广告语就变成了"大自然的搬运工"，讲述农夫山泉的勘探员在深山老林里寻找优质水源，由此，开发天然优质水源就成了农夫山泉的专用配称。

独立配称与共用配称

从企业战略的角度看,对于多品牌战略的配称还有一个重要的分类标准,就是某项配称被一个品牌还是多个品牌使用:**如果只被一个品牌使用,就叫作"独立配称";如果被多个品牌共用,就叫作"共用配称"**。共用配称是规模经济和范围经济的主要来源,是多品牌企业战略的重要考量。

一个餐饮集团旗下有多个品牌,但食材采购通常会共用一套系统,这套系统就成为共用配称;但门店是各个品牌独立拥有的,门店就成为独立配称。

不同类型配称的操作要点

对于多品牌战略来说,每个品牌都应该有独特的定位,而界面级配称承担着定位沟通的职能,因此界面级配称通常应当是独立配称,不宜在不同品牌之间共用。相反,非界面级配称则应尽可能共用,以提高资源使用效率,获得更强的规模经济性。非界面配称应尽可能共用,暗示了多品牌战略的一个要点:应当优先考虑在同一个品类或相近品类推出新品牌,用多品牌主导一个品类或抽象品类,有利于获得最佳的协同效应和规模经济性。

如果共用比较重要的界面级配称,就容易混淆甚至破坏品牌定位，导致失败。大众汽车公司曾经花费巨资打造了高端轿车品牌——辉腾，在产品推向市场时，汽车行业分析师评价"辉腾极为完美，只有两个缺点，一个在前脸，一个在后脸"。因为辉腾轿车使用了大众的"VW"品牌标志，导致其经常被人误当成帕萨特，品牌彰显价值大打折扣，让很多车主感到郁闷。这也导致辉腾销售惨淡，持续亏损，最终不得不停止生产。

与大众汽车相反，丰田汽车公司推出高端轿车品牌雷克萨斯时，就采用了独立配称，重要的界面级配称完全不共用，品牌名、品牌标志、车身设计、4S店等都独立于丰田的其他轿车品牌。这些做法帮助雷克萨斯取得了巨大成功，使其成为全球著名豪华轿车品牌之一。

品牌名本身也属于界面级配称，因此企业在捕捉多个品类和定位的机会时不应该共用品牌名，否则就容易跌入品牌延伸陷阱，阻碍新业务的增长。格兰仕公司把微波炉的品牌"格兰仕"用于空调，格力公司把空调的品牌"格力"用于手机，这些做法不仅阻碍了新业务的增长，还会拖累老业务。

当企业家作为自己企业的品牌代言人时，他就也成了界面级配称，因此在多品牌战略下也不宜共用，否则就会在顾客心智中形成不专注、不专业的认知。董明珠成了格力空调的代言人，那么当格力公司推出手机时，除了不应该用格力的品牌名，还不应该用董明珠作为格力手机代言人。

在专业分工不断深化的背景下，哪些配称可以外包也是一项重要的决策。一般来说，非界面级通用配称可以外包，界面级专用配称则不宜外包；非界面级专用配称如果外包，则需要保持足够的控制力；界面级通用配称则需要不断审视，看它们是否能够转化为专用配称，以增强对差异化定位的运营支持。

有效配称的注意事项

谈到品牌打造，一般人容易联想到大手笔投入，认为企业在做了定位之后就要大量投放广告。实际上，只要企业在持续运营且没有面临生存危机，那么企业在做了定位之后，优先考虑的应该是调整那些本就想做、本就在做的运营活动。

比如，产品包装本来就是要有的，员工名片本来就是要印的，公司网站本来就是要维护的，推介材料本来就是要做的，终端呈现也是本来就要做的，有了定位的指导之后，这些运营活动的具体做法就不一样了，但并不比原来的做法成本更高，甚至成本还会更低，还可以大幅减少多余的运营活动，把资源和时间释放出来，就可以去增加一些更有价值的运营活动。

以天图资本为例，在明确"消费品投资专家"定位后，天图在员工名片的正面印上了"专注消费品投资"的广告语，名片背面则印上了天图投资的一些著名消费品品牌。新名片的印制成本并没有增加，但传递的定位信息却发生了翻天覆地的变化，收到名片的人一看就明白天图是一家专业消费品投资机构。

天图的网站、微信公众号、公司简介、媒体报道的基调、参与哪些媒体活动等都做了一致性的调整，这些调整并不需要多花一分钱，甚至还减少了与定位无关的媒体活动，节省了大量时间和精力。当然，最大的节省还在于"专注消费品投资"后，大量的非消费品项目就不用看了，省出来的时间和精力就可以用于增加专用配称，比如研究、升级定位理论，对被投资企业提供增值服务，如品牌战略培训与咨询。随着时间的推移，天图的消费品投资专家定位真正进入了潜在顾客的心智，如今都是消费品项目和基金投资人主动找天图，天图实现了良性循环。

当然，优先调整正在做的运营活动并不排斥大手笔的投入，企业可以新增一些关键运营活动，比如大量投放广告，开拓新兴渠道等，一切都取决于竞争的需要以及企业调动资源的能力。

•••• **本章小结** ••••

本章从不同角度对配称进行了分类。依据是否为顾客接触点，将配称分成了界面级配称和非界面级配称；依据是否为各竞争品牌的通行做法，将配称分成了通用配称与专用配称；在多品牌战略下，则依据是否为多品牌共用，将配称分成了共用配称与独立配称。

界面级配称通常应当独立而非共用，而且通常不宜外包；品牌只有建立了有效的专用配称，才能牢牢占据独特的定位。在做配称时，应当优先调整原有运营活动，并消除多余动作，增加有效的运营活动。

第 11 章

配称与商业模式

第 10 章讲了配称的三种分类,如果你对企业运营活动足够熟悉,那么利用配称的分类,你就可以进行运营活动的取舍和优化。但不少人学了配称的三种分类后,在实战中仍有无从下手的感觉。经过不断探索,我发现商业模式可以成为配称的全景图,能够全面指导配称设计。

商业模式的定义

什么是商业模式?魏炜、朱武祥两位教授在《发现商业模式》一书中给出的定义是：**商业模式就是利益相关者的交易结构**。这或许是迄今为止最准确的商业模式定义，许多人称之为"魏朱商业模式"。

交易结构就是交易方各自付出什么，得到什么，如何行动，如何处理意外情况等。交易中可能涉及现金支付，也可能不涉及现金支付，比如今日头条与读者的交易，读者免费使用，但免费使用不等于没有付出，实际上读者需要付出时间、个人信息以及给对方做广告的机会。

由于我们把战略区分成**企业战略**和**品牌战略**，所以当我们用商业模式来展开战略配称时，也应该将商业模式区分为**企业商业模式**和**品牌商业模式**。当多个品牌商业模式叠加成企业商业模式时，各品牌应该尽量共用非界面级配称，以提高资源使用效率。在商业模式视角下，界面级配称就是品牌与顾客的交易结构，非界面级配称就是品牌与其他利益相关者的交易结构。

品牌商业模式

品牌商业模式就是品牌与利益相关者的交易结构。品牌虽然不是一个法律行为主体，但顾客通常会以为自己在和品牌交易而不清楚品牌背后是哪个企业。比如大部分顾客都不知道"奈雪的茶"背后是深圳市品道餐饮管理有限公司，也不知道"瓜子二手车"背后是车好多旧机动车经纪（北京）有限公司。

品牌商业模式可用9个要点来展开，这样就能形成一个比较完整的清单，让配称设计更有条理，并避免遗漏（见图11-1）：

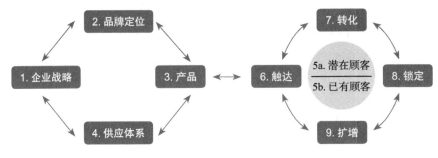

图11-1　品牌商业模式图

（1）**企业战略**：这个要点促使你把企业战略和品牌战略协调考虑，特别是考虑利用哪些机会，用多品牌还是单品牌以及如何共用配称。

（2）**品牌定位**：这是品牌商业模式的起点，品牌商业模式设计必须与品牌定位协调一致。该要点主要完成对"品牌三问"的回答。

（3）**产品**：产品是品牌定位最重要的载体，产品及其包装是品牌最重要的"自媒体"；注意一定要从定位出发定义产品而不是从产品出发来定位。有个创业者就做反了，因此他的产品在推向市场后表现一直不理想，后来我帮他做了诊断，发现能够找到的可行定位下，产品定义有的多余，有的不足，导致成本很高，顾客价值却不够高。

（4）**供应体系**：供应体系包括把产品生产出来的全部交易结构，但不包括销售过程，员工、供应商、投资者以及合作方都算在供应体系中。供应体系展开的内容应该在企业商业模式中考虑，在品牌商业模式中，我们重点考虑品牌与顾客的交易结构。

（5）**顾客**：产品生产出来后，最重要的一环就是卖给顾客。我们一般把顾客分为客户和用户，这里再增加一个分类视角，就是把顾客分成尚未发生交易的**潜在顾客（新顾客）**和已经发生交易的**已有顾客（老顾客）**。品牌商业模式的重头戏就是品牌与顾客的交易结构，涉及4个思考点：**触达、转化、锁定、扩增**。

（6）**触达**：就是品牌信息和产品本身如何接触到顾客，特别是潜在顾客。触达的重点就是选择媒介和渠道或者创办自媒体，建立直销体系。我把大家常说的"获客"分成了"触达"和"转化"两个要点，因为涉及了不同的因果关系。

曾经有个企业投了电梯广告，没有效果，于是放弃了。我帮该企业做了分析，发现该企业的潜在顾客就在楼上，触达环节应该是有效的，必然是转化出了问题。拿来广告文案一看，果然，连品牌三问都没有回答。该企业根据我的建议修改文案后，又做了一轮测试性投放，获客效率大幅提升，和地推方式不相上下。

（7）**转化**：就是让潜在顾客变成已有顾客，用更通俗的话来说就是"成交"。事实上，转化比成交内容更丰富，比如分步转化的概念。从潜在顾客到已有顾客是存在中间状态的。通过媒介触达的潜在顾客，多数情况下不能立即转化为成交顾客，但依然可以发生某种转化，比如将品牌定位植入潜在顾客心智，实现心智预售，这样的顾客就成了意向性顾客，接下来在渠道里就更容易把意向性顾客变为成交顾客。

转化环节的设计要点是定位和信任状呈现以及产品、价格、渠道。企业通过产品和价格设计可以降低新顾客进入门槛，有可能数倍提升转化率。比如志公教育将"考不上就退款"的交易结构改成"考上后半年再付全款"，转化率提升了 8 倍。"考不上就退款"仍需要顾客先交几万元的学费，顾客还会担心退款是否麻烦，因此，这一设计依然是一个较高的门槛，"考上后半年再付全款"只需先交几百元报名费，顾客进入门槛大幅降低。

很多化妆品品牌都推出了迷你型的试用装，就是为了降低顾客进入门槛；越来越常见的试吃、试用，也是降低新顾客进入门槛的有效动作。

但是，也有一些品牌经常推出针对新顾客的优惠措施，结果让老顾客心里不平衡，降低了对品牌的信任，导致顾客流失，而且处理稍有不当，还会让顾客觉得你的品牌滞销。所以降低新顾客进入门槛时，品牌必须坚守定位，确保不引起老顾客反感。

（8）**锁定**：就是让已有顾客持续购买和使用。锁定的最佳方式就是让产品和品牌自身具备足够竞争力，能让顾客持续购买和使用。衡量产品力的常用指标有复购率、留存率、活跃度等，这些指标也是投资者极为看重的指标。

除了通过提升产品力来锁定顾客，合理设计的交易结构也可以有效锁定顾客。比如将产品分为互补的两个部分，低价甚至亏损销售耐用部分，高价销售专用耗材，例如"打印机–墨盒"模式，"剃须刀–刀片"模式，就是广为人知的交易结构。

更加常用的锁定方式是会员体系，会员体系能让会员投入并积累有价值的会员资产，离开这个体系会员资产就会贬值或作废。比如航空公司的会员卡，通过让顾客不断升级、保级、积分换机票，很大程度锁定了顾客的飞行选择。会员体系不仅可以增强锁定能力，还是差别定价的重要手段，差别定价也叫价格歧视，是定价理论的精髓之一。

（9）扩增：就是让已有顾客或已经销售的产品为品牌带来新顾客。如果设计出有效的扩增机制，企业就有可能实现病毒式增长。老顾客的口碑是常见的扩增方式，但精心设计的转介绍机制则更加高效，比如微信读书的"买一赠一""赠一得一"机制，滴滴打车的红包分享机制。

扩增机制不一定需要顾客有意识的参与，有时只要改变一下产品设计就能带来扩增。比如 Hotmail 邮箱一开始增长缓慢，企业对产品做了一个小小的改动，就带来注册用户爆炸性的增长。这个小小的改动就是在 Hotmail 发出的每封邮件末尾附加一个链接：点击获取免费的 Hotmail 邮箱。

企业商业模式

企业商业模式就是企业与利益相关者的交易结构。根据交易的内容和交付的方向，企业的利益相关者可以分为 7 类（见图 11-2）：

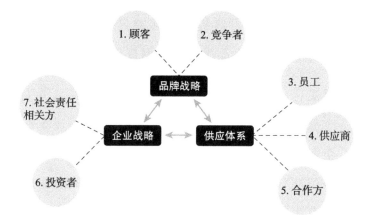

图 11-2　企业商业模式图

（1）**顾客**：可以细分为向企业付钱的**客户**和使用企业产品的**用户**。企业级产品和服务即 2B 产品，这类产品的客户和用户通常是分离的，比如办公设备就是企业付钱购买，员工使用；2C 产品客户和用户也可能分离，比如礼品、婴儿用品等。

由于分工的深化，生产和销售出现分离，经销商购买企业产品是为了转售，自己并非使用者，因此经销商是企业的客户。这里需要强调的是，客户和用户都是顾客，必须给予同等程度的最高重视。不管对于客户还是用户，企业都可以用商业模式中的"触达—转化—锁定—扩增"循环模式来设计交易结构。

（2）**竞争者**：企业不光和竞争者争夺顾客，还在争夺人才、资本、优质供应商。当然，企业和竞争者也有共存共荣的一面：为顾客提供更多差异化的选择，共同维护品类生态，做大品类和价值网规模。

（3）**员工**：就是与企业建立了雇用关系的人。员工是企业产品和服务的生产者，也是企业重要的成本源。优化企业与员工的交易结构，其实就是改善管理，这涉及一门叫作"管理学"的复杂学问，但从商业模式出发就有可能减少管理，釜底抽薪。如何减少管理？减少员工是最有效的办法。如何减少员工？把员工变成供应商或者客户即可。

雪王子公司的送货司机，每人每天送 20 单就叫苦连天，司机流失率很高。后来公司将货车以分期付款方式卖给了司机，然后再向司机采购送货服务，按单计价。结果这些司机每人每天配送超过 40 单，都不会叫苦叫累。司机收入大幅增加了，公司配送成本反而大幅下降。这就是把员工变成供应商的威力。

百果园直营门店超过 1000 家之后，企业管理者明显感觉到管理越来越复杂，遇到了各种成长瓶颈。后来企业重构了商业模式，将直营门店变成加盟店，把原来的店长变成了客户，把自己的店员变成了客户的店员，结果门店销售额大幅提升，损耗率降低；同时还消除了管理瓶颈和开店瓶颈，之后只用了两年时间，百果园门店总数就超过了 3000 家，1 年新开店数超过过去 10 年。这就是把员工变成客户的威力。

（4）**供应商**：供应商向企业提供产品和服务，企业向供应商支付现金。优化与供应商的交易结构，常用的思路有改变支付方式，变买断为租赁、变固定租金为分成租金，或者相反，等等。

（5）**合作方**：企业与合作方互相利用对方的资源和机会，但通常不支付现金。引进新的合作方是创新商业模式的重要方式，有可能产生意想不到的威力。比如，精装房通常由开发商在销售前完成，这样一来，购房者的选择就变少了，房子也缺乏个性化，其市场接受度不高。有家装修公司通过与住宅开发商合作，在售楼处向购房者销售精装修服务，以实现规模化定制，这样做之后顾客接受度大幅提高，实现了订单的爆炸性增长。

（6）**投资者**：向企业提供资金并拥有企业部分所有权或债权；相应交易结构涉及优先股、超级投票权、可转债以及其他债权等。企业股权和控制权的设计是否合理，可能会决定企业的生死。合理使用债务杠杆，可以提高股东回报率,加快企业的成长速度。

(7) **社会责任相关方**:包括监管部门、公益组织、新闻媒体、意见领袖等。这类利益相关者监督着企业履行社会责任,企业也需要加以重视,关系处理不当可能给企业带来公关危机。

▪▪▪ 本章小结 ▪▪▪

商业模式是展开战略配称的有效蓝图。根据战略二分法,商业模式相应地分成企业商业模式和品牌商业模式。品牌商业模式就是品牌与利益相关者的交易结构,包含 9 个要点,其中品牌与顾客的交易结构是核心,包含**触达**、**转化**、**锁定**、**扩增** 4 个要点。企业商业模式就是企业与利益相关者的交易结构;企业利益相关者可以分成 7 类,分别是**顾客、竞争者、员工、供应商、合作方、投资者、社会责任相关方**。

第 12 章

品类命名八字诀

通过第 10 章、第 11 章我们掌握了配称的全貌,接下来我们要学习三个重要的单点配称,涉及品类命名,品牌起名以及定位广告语的相关知识。

概述

这是一个商业创新层出不穷的时代,最重要的商业创新之一就是开创新品类。艾·里斯在《品牌的起源》一书中用商业的历史指出:开创并主导一个新品类是打造强势品牌的捷径。开创一个新品类，必然要为新品类命名。品类名的好坏，轻则可以影响品类发展速度，重则可以决定品类生死。

原产中国的猕猴桃刚被引种到海外时，叫作"中国鹅莓"（Chinese gooseberry），结果乏人问津；后来新西兰人把它改称为"奇异果"（kiwifruit），结果很快风靡全球，以至于很多中国人都误以为奇异果原产于新西兰。

有一种学名叫作"瓜栗"的植物，要是它没有别的名字，几乎可以肯定等待它的会是平淡无奇的命运。但幸运的是，它被花农们命名为"发财树"，凭着这个大吉大利的名字，发财树成了中国最受欢迎的室内观赏植物之一。

那么，如何给新品类起个好名字？可以总结为四个要点八个字：有根、好感、直白、简短，简称"品类命名八字诀"。

有根

品类命名的第一个要点是"有根"，就是品类名应当表明新品类的来源，符合品类分化规律。新品类通常来源于某个抽象品类或老品类的分化。抽象品类能够对接顾客的抽象需求，老品类能够对接顾客的具体需求。比如酸奶、豆奶，它们的"根"都是"奶"，对接了顾客对于"奶"所代表的营养元素的需求；轿车、卡车的"根"都是"车"，对接了顾客对于"车"所代表的运输功能的需求。这里的"奶"和"车"都是抽象品类。

但并非所有新品类名都以抽象品类为"根",比如"智能手机"这个名字,它的"根"是具体品类"手机",一看到"智能手机"这个名字,顾客就知道它是一种新型的"手机",具备"手机"的全部功能,而且更强大。

值得一提的是,当"智能手机"普及后,原来的手机被叫作"功能手机",于是"手机"就阶段性地变成了抽象品类。但当智能手机淘汰了功能手机,所有手机都变成智能手机时,"智能"这个定语就不需要了,于是手机品类实现了一次改变方向的品类进化。

苹果公司曾经推出过一种能打电话,能上网,能做计算的新产品——Newton PDA,虽然花了很多钱,甚至被当时的媒体称为"划时代的产品",但仍然失败了。其中一个原因就是品类名PDA即"个人数字助理"（Personal Digital Assistant）,没有"根"或者"根"很弱。想一想,有几个消费者用过"助理"呢?

由于品类名的核心任务是对接顾客需求,因此,一个无"根"的品类名会给新品类的推广带来巨大障碍。饮料巨头娃哈哈公司也没能把"格瓦斯"做成功,如果把"格瓦斯"改叫"零度啤酒",结果会不会不同呢?像娃哈哈这样的大公司都做不好无"根"品类,实力弱小的创业公司就更难了。有个创业者把自己的产品叫作"家庭云娱乐一体机",他向我介绍了很多,我也没明白那个产品是什么,直到看到实物后才知道是智能音箱,只不过娱乐功能比较强大。

有时候，新品类有多个可以选择的"根"，比如一种用苹果汁发酵生产的饮料，既可以叫作"苹果醋饮料"，也可以叫作"发酵苹果汁"，这时该如何选择呢？基本原则就是"傍大款"，即选择更强的品类也就是顾客更多的那个品类为"根"。显然，"苹果汁"比"醋饮料"更强大，顾客更多。

好感

品类命名的第二个要点是"好感"，意思是当新品类存在几个候选名字时，应当选择让顾客产生更大好感即更有价值感的名字。比如，从大豆中提取的黄油叫作"大豆黄油"或者"人造黄油"，哪个名称让你更有好感？显然"人造黄油"让人没有购买欲。戴着"人造黄油"这顶帽子，这个品类想要发展壮大几乎是不可能的。

又比如，一种采用汽油和电池两种动力源的新能源汽车，被叫作"混合动力车"，简称"混动车"。这在中国消费者看来就缺乏好感，因为"混"不如"纯"；如果改成"双动力车""双引擎车"，简称"双擎车"，就会更有价值感，因为对中国消费者来说，"双"优于"单"，所以丰田新推出的雷凌混合动力车就改叫雷凌双擎车了。

在观赏植物里面，一个有价值感的好名字甚至会成为品类的主要卖点，比如"发财树""金钱树""富贵竹""罗汉松""君子兰""仙人掌""天堂鸟"等，它们在审美上未必优于同科目的不知名植物，但因为名字能够激发美好联想，于是变成了同类植物中的宠儿。

直白

品类命名的第三个要点是"直白"，也就是品类名应当直指品类核心特性或形象化，不要迂回曲折，令人费解。

"水蜜桃"这个品类名就直白地表达出了这种桃子的核心特性：汁多味甜，让人一听就食欲大增，所以水蜜桃成了桃子中最大的品类。"自行车"这个品类名也很直白，表达了新品类的核心特性，因为当时的其他车辆都需要司机。

"平衡车"就是一个品类名不够直白的例子，对顾客来说很难理解，他们会想有什么车是不平衡的。叫"平衡车"也纯属偶然，只是因为国内某媒体首次报道它时翻译成了"平衡车"，其他媒体一跟风，也就成了约定俗成的名字。虽然说约定俗成是品类名形成的标志，但首次命名者就像蝴蝶的翅膀一样，有机会引发完全不同的风暴，因此他们的责任重大。如果是我，我会根据"直白"这一命名要点，将这种新型代步车命名为"立行车"——

站立骑行的车，是不是更形象呢？

曾经有一位做"纳米银抗菌袜"的学员咨询我关于这个品类名的意见，我问他"纳米银抗菌袜的核心功能是什么"，他回答说"防臭"，我说，那为什么不直接叫"防臭袜"，"纳米银抗菌袜"会让有些顾客以为是预防足部疾病用的，直截了当地叫"防臭袜"，能够精准对接顾客需求。果然，该企业采用这个命名后取得了很好的业绩增长。

简短

品类命名的第四个要点是"简短"。在信息超载的时代，传播的负担越小越好，因此品类命名应当惜字如金。由于品类名常用于构造其他词汇，因此即使增减一个字，也可能是天壤之别。

例如，"计算机"比"电脑"更严谨正式，所以早期"计算机"用得更多，但随着计算机的普及以及不断参与构造新词，"电脑"便压倒性胜出了，否则"电脑包""电脑桌""平板电脑"就得叫作"计算机包""计算机桌""平板计算机"，明显这样会更费劲。

如果品类名太长，顾客就会自动将其简化。比如"超级市场"被简化成了"超市"，"四轮驱动越野车"被简化成了"四驱越野";即使是不会说英语的老人,他们也会说"GPS"而不说"全球定位系统",会说"CT"而不说"计算机断层扫描",这些都是自发的"传播减负"现象。

此外,还需要指出的是,"简"和"短"其实是两件事。"短"是纯字面意义的,字数越少就越短;"简"则涉及听说读写和理解是否容易。品类名应当尽量使用常用、通用字眼。对于长度相同的两个候选品类名,浅显的优于生僻的;顺口的优于拗口的;听得出字眼的优于听不出字眼的;打字容易的优于打字困难的。

由于"简"和"短"不是一回事,所以有时候长名字比短名字说起来更省力。比如说"西红柿"的时候口型基本不变,说"番茄"的时候口型变化就比较大,所以单独说的时候"西红柿"比"番茄"更省力,在买菜的时候多半说"西红柿",在组词的时候多半用"番茄",如"番茄酱"。那么,有没有人说"西红柿酱"呢?大家可以试试,看何者更省力。

▪▪▪▪ 本章小结 ▪▪▪▪

开创新品类是打造强势品牌的捷径,新品类开创者的首个任务就是为新品类命名。好的品类名应当符合"品类命名八字诀"——有根、好感、直白、简短。

有些新品类开创者缺乏为新品类命名的意识或者能力，于是只宣传品牌而不宣传品类，结果就难以对接顾客需求，因为顾客不知道品牌属于哪个品类，也就不能把品牌和心智中的某个品类关联起来。例如"58同城"，其广告语"一家神奇的网站"并没有回答"品牌三问"，因此顾客不明白它是什么，于是58同城的广告就不能停，今天宣传找房子，明天宣传找工作，后天宣传二手车，品牌实现心智预售的能力就比较弱。

当然，也会有极少数例外。如果品牌名让人"望文生义"的能力特别强，比如农夫山泉，它就可以不明确自己是"矿泉水"还是"天然水"；或者品牌名非常接近品类名，比如微信，它也可以不明确自己的品类名，而且社交软件因为网络效应出现赢家通吃后，用户就会用品牌名指代品类，比如问用户"来往"是什么，他们多半会说"阿里版的微信"，所以"来往"的努力都是微信的嫁衣。

第 13 章

品牌起名四要

品牌起名：生死攸关的决策

关于品牌名，定位理论创始人里斯和特劳特极度重视，并在他们的著作中一再强调名字的重要性，在《定位》这本书中甚至写道："在定位时代，你能做的**唯一重要**的营销决策就是为你的产品起个好名字。"注意，两位大师的措辞是"**唯一重要**"，可见是想引起读者的高度重视。

根据我 20 多年的商业观察和投资来看，好名字不能保证成功，但坏名字一定很难成功。好名字能够有效地进行定位沟通和传播，比如百果园、周黑鸭这样的名字，一看就像大品牌、专家品牌，顾客记忆和转介绍难度也比较低，所以好名字可以持续节省营销费用，实现一本万利。

坏名字则刚好相反，难说、难记、难理解甚至会犯忌，于是品牌的每次沟通和传播都要付出更高代价。比如，为了让顾客记住品牌名，好名字可能只需曝光一次，坏名字则需要三次，那么坏名字就得花三倍广告费，而且就算顾客记住了，顾客选择坏名字、转介绍坏名字的意愿也很低。

你愿意喝一种叫"蝌蝌啃蜡"的饮料吗？蝌蚪啃蜡烛，听起来就难喝。这就是可口可乐刚进入中国时的名字，后来重新翻译为"可口可乐"才流行开来。

在一些容易陷入同质化竞争的领域中，好名字可能是你最容易保持的差异化，因为注册了商标的品牌名可以获得法律保护。在"同质化竞争"这个限定条件下，为你的产品起个好名字，可能真的是你能做的"**唯一重要**"的营销决策。

千万别小看好名字自带的顾客选择和传播优势，因为在激烈的市场竞争中，这一点优势产生的马太效应，甚至可以决定竞争的胜负。

那么，对于品牌名来说，到底什么样的名字才是一个好名字呢？

品牌反应

首先，一个好的品牌名要有"品牌反应"，就是品牌名看起来、听起来都要像一个品牌名，而不是像一个通用名词。

假如有人在谈论你的品牌，我从旁边路过，只听到品牌名而没有听到上下文，此时，如果你的品牌名有品牌反应，那我就知道他们在谈论一个品牌，从而有可能记下来，否则就会直接忽略。如果记下来了，以后遇到你的品牌时，我就会产生"这个品牌我听说过"的熟悉感。在其他条件相同时，顾客通常会优先选择熟悉的品牌。

如果有人谈论"红牛"，由于现实中没有红色的牛，因此我会觉得他们在谈论一个品牌。但是，如果有人谈论"黄牛"，我就不会认为他们在谈论一个品牌，而会认为他们在谈论买票的事。如果他们真的是在谈论一个叫"黄牛"的品牌，那么很遗憾，由于"黄牛"这个品牌名没有品牌反应，所以它就失去了一次传播的机会。

有一次，我正在给一家企业做定位理论培训，我太太打来电话问我："你们投资的那个德州扒鸡叫什么牌子？"可见，"德州"这样的地名不容易产生品牌反应，顾客有可能不把它当作品牌对待，结果竞争品牌就多了一些机会。因此，德州扒鸡应当尽可能把自己表述为"德州牌扒鸡"，以产生足够的品牌反应。

之前有一个做智能快递柜的品牌，最初名叫"我来啦"，后来在我的建议下改了名字，才有了"速递易"；还有一个做科学创业培训的品牌，最初名叫"我包啦"，也在我的建议下改了名字，才有了"高维学堂"。现在这两个品牌都成了各自领域很有影响力的品牌。

天图之前投资了一个做家电安装维修的品牌——"扳手"。扳手是大家都熟悉的一种工具，因此缺乏品牌反应。在工具包、工作服上面印上"扳手"两个字，会让顾客感觉莫名其妙；但如果印上"扳手会"三个字，一看就像安装维修的专业组织，会让顾客产生信赖感。于是在我的建议下，该企业将品牌名改成了"扳手会"。

类似"扳手会"这样，加一两个字把通用名词变成有品牌反应的好名字，是常用的起名技巧之一。比如"天才"两个字几乎没有品牌反应，但"小天才"就有品牌反应；"果园"两个字没有品牌反应，但"百果园""农夫果园"就有较强的品牌反应。

定位反应

其次，好品牌名还要有"定位反应"，就是顾客看到或听到品牌名，就能猜到品牌大概是什么品类，具备什么特性或者产生

价值感。简单而言之，就是品牌名要具备"望文生义"的能力，而且"望文生义"的结果要符合品牌定位，最起码不能和品牌实际定位相反。

比如，顾客看到"农夫山泉"就能猜出是矿泉水，看到"百果园"就能猜出是卖水果的，看到"鲜橙多"可能会联想到橙汁，像这样有效的定位反应会让顾客觉得这是一个专家品牌，会自动产生信任感。

比如"巴蜀风"，一看就像地道的川菜；"老院子"，一看就像北方菜。2002年我刚到深圳时，巴蜀风和老院子都是比较火爆的川菜馆，但16年过去了，巴蜀风依然红火，老院子却早已消失。虽然很难判断名字在成败之中到底占多大比重，但"老院子"这个名字自带的顾客转化率肯定比巴蜀风差一些，日积月累，效果可观。

坏名字能给品牌挖出的最大的坑，就是名字的定位反应与品牌的实际定位相左。比如"俏江南"三个字的定位反应是江浙菜，但它实际上做的是川菜。因此，想吃江浙菜的新顾客进店一问是川菜，转身就走了，而想吃川菜的新顾客，一看名字就把它排除了。因此，虽然俏江南创始人很优秀也很努力，但由于品牌名与新顾客的沟通出了大问题，俏江南的业绩一直不如人意，和投资人的关系也变得很糟糕。

还有一些品牌名会让顾客产生负面联想，这也是企业需要极力避免的。比如"锤子手机"，"锤子"在很多地区是脏话，特别是在西南地区，这就会让一些潜在顾客放弃购买。锤子手机创始人罗永浩最初并不认为这是一个大不了的问题，直到锤子公司把总部迁到成都后，他才有了深切感受。

另外，有些定位反应还有可能限制产品使用场景。比如"米聊""微聊"会让人联想到聊天，如果在上班时间聊天用户就会略感愧疚；但如果叫"米信""微信"，就能降低用户的这种心理负担。无巧不成书，腾讯曾经既做过"微聊"，也做过"Q信"，但都没有成功，拥有先发优势的米聊，最终也被微信打败。我们可以猜想一下，名字是不是压垮米聊的最后一根稻草呢？

总之，宁愿品牌名没有定位反应，也不要有误导性的或者负面的定位反应。噱头可以被谈论，却难以被信任。营销可以玩噱头，但不能用品牌名玩噱头。因为品牌名要用很久，噱头的新鲜期却很短，"过期"之后就会给人难登大雅之堂的感觉。

易于传播

再次，品牌名要易于传播，就是要尽一切可能降低传播负担，增加传播机会。

易于传播的第一个考虑是"听音知名"，即顾客一听就知道是哪几个字，不需要过多解释，比如"农夫山泉""周黑鸭""淘宝"。如果做不到"听音知名"，顾客在转介绍时就会被追问"哪几个字"，这就增加了传播负担。我曾经居住过的一个小区名叫"Qiao2 Xiang1 Nuo4 Yuan2"（你能根据拼音读出是哪几个字吗），每次打车回家都要被司机追问"哪几个字"，后来为了省事儿，我每次打车回家就改口说隔壁小区的名字，司机一听就能明白。

要做到"听音知名"，就要使用常用字的常用组合。如果放在不常用的组合中，即使常用字也很难听出是哪个字。比如有家连锁酸菜鱼店叫"渔语鱼"，这三个字每个字都很常用，但组合在一起，大部分人都听不明白。古人说"授人以鱼，不如授人以渔"，学了定位理论的我们可能就会想把这句话改为"授人以鱼，不如教人结网"。

要做到"听音知名"，还要避免使用生僻字，比如叫"桦""砼""丼"的品牌，用这种生僻字作为品牌名就像负重跑马拉松，你在体力上要强多少倍才能成功呢？生僻字不仅做不到听音知名，还会让顾客担心读错字丢面子，从而避免推荐你的品牌，就像老师抽查提问学生时会避开生僻的名字一样。可以想见，如果品牌名做不到"听音知名"，解释起来就费劲，还容易读错，这就必然增加了名牌的传播负担，损失了传播机会。

易于传播的第二个考虑是简短。在汉语中，品牌名最好是两个字或三个字。单个字在汉语中基本没有品牌反应，还需附加"牌"字，如"柒牌""马牌""雕牌"都用了两个字，但也浪费了一半表达力。四个字的品牌名也可以，但要求定位反应足够强，能直接联想到品类，否则加上品类名之后就会太长，增加品牌的传播负担。比如"农夫山泉"就是优秀的四个字品牌名，无须说出"农夫山泉矿泉水"。

四个字以上的名字都不可取，因为顾客通常会自行简化，比如"我的美丽日记"，顾客会自行简化成"美丽日记"。有明确的简化方向还算好，像"很高兴遇见你"这样的名字，顾客就不知道该怎么简化，因此顾客在转介绍或谈论时倾向于回避这类长名字，这就让品牌损失了部分传播机会。

易于传播的第三个考虑是避免字母缩写与混合文字。用字母缩写来做品牌名，通常既缺品牌反应，也缺定位反应，而且读起来也不够简短，比如HTC、TCL就像科技名词的缩写，中国人读起来需要一字一顿，相当于四个字，传播负担较重。

很多顾客为了方便记忆，把HTC说成"火腿肠"首字母，把TCL说成"太差了"首字母，这一现象恐怕是品牌命名人始料未及的。另一个混合文字的例子是"鲜の每日C"，用了中日英三国文字，很多顾客不知道该怎么读，在电脑上打日文也很麻烦，因此传播机会损失非常大。

避免混淆

最后，就是好的品牌名应当避免混淆，也就是不要与众所周知的名字太相似。

品牌名最常见同时也是最糟糕的混淆方式就是与知名品牌相似，这会让顾客觉得你是山寨品牌。珠宝领域就是一个众多品牌名混淆的重灾区，有周大福、周生生、周大生、周六福、周百福、周瑞福、周福生、周金生、周大金、金大福、金六福、金百福、金大生、金福生等品牌。其中某个品牌的老板曾感叹："当年人穷志短，就想沾点大品牌的光，现在无论怎么努力，都会被顾客当作山寨品牌。"

另一种混淆方式是与其他常用名词谐音，比如"黄太吉"，与清太宗"皇太极"谐音；"大黄疯"，与昆虫"大黄蜂"谐音；"牛炖"，与科学家"牛顿"谐音，"没想稻"，与"没想到"谐音。有人把这种玩文字游戏的谐音当作好名字，其实不然。因为在品牌传播中，顾客其实听错了，却自以为明白，品牌就连解释的机会都没有。"没想稻"创始人就发现他总要多费口舌解释品牌名，因此最终将品牌名改为"饭大师"。

▪▪▪▪ 本章小结 ▪▪▪▪

好的品牌名字应当具备定位沟通和二次传播的效率优势，在激烈的市场竞争中，这一优势产生的马太效应甚至可以决定竞争的胜负。给品牌起名时应当遵从四大要点：品牌反应、定位反应、易于传播、避免混淆。

可是，虽然掌握了品牌起名"四要"，但自己能想到的好名字都被别人抢注了，怎么办？一种办法是发挥无穷的创造力，继续想；另一种办法就是花钱，从别人手里购买好名字。

步步高公司进入儿童电话手表市场时，不惜花费300万元重金从别人手里买下了"小天才"这个商标。"小天才"不仅一听就明白，而且听起来就像大品牌和专家品牌，无形中为品牌节省了大量营销费用。

如果你正在使用的品牌名是一个坏名字，怎么办？一个字：改！而且越早改越好。对于名气不大的品牌来说，改名成本不大，但未来收益很大；对于名气很大的品牌来说，改名可以成为一场公关事件，成本大收益也大，比如淘宝商城改名"天猫商城"。改名的关键在于，要确保新名字大大优于旧名字，否则就不必改动。

如果不懂得什么是好名字，就有可能越改越坏，比如，腾讯把顾客广泛接受的"广点通"改成"腾讯社交广告平台"，着实令人叹息不已。

第 14 章

二语三性法则

据《福布斯》2017年的统计,人们每天会受到超过1000个广告攻击,然而绝大部分广告都被淹没在信息洪流里,根本无人注意到。定位广告语的"二语三性法则",可帮助广告主快速判断广告语能否有效传播品牌定位。

概述

由于每一个顾客接触点都是定位沟通的机会,所以企业应当优先改进已有的界面级配称,消除无效果或反效果的做法,这是多花脑力少花钱的最佳方式。但广告依然有其独特之处，因为它是花钱密度最大的定位沟通方式。美国职业橄榄球大联盟年度冠军总决赛"超级碗"的广告，常年价格约550万美元/30秒，折合人民币约3800万元/30秒，这还不是最贵的。最贵的是中国央视春晚30秒广告，公开过的最高价格为7199万元/30秒。

广告战是品牌定位和资源实力的正面对决。有时候，大手笔广告是抢占有利定位的胜负手，成则一飞冲天，败则一蹶不振。但一飞冲天的毕竟是少数，更多的是痛定思痛的教训：开打时气势如虹、信心百倍，中途心生疑虑却欲罢不能，最后放手一搏拼光老本。在这些失败的品牌背后，可能还有一家广告公司数着钱挑着客户的错。

广告圈有句名言，"我知道一半广告费被浪费了，却不知道是哪一半"。实际上，很多广告费是两半都浪费了，从广告文案就可以十拿九稳地判断出。比如现代悦纳车型的广告"悦，纳就是我"；斯柯达昕动车型的广告"昕动，让你更自己"。在竞争如此激烈的轿车市场，这种文字游戏恐怕连"有传播胜无传播"也做不到。

我将判断广告语优劣的方法总结为"**二语三性法则**"："二语"指的是**销售用语、顾客用语**；"三性"指的是**可信性、竞争性、传染性**（见图14-1）。

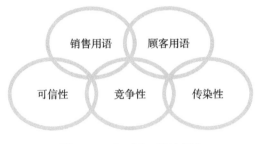

图 14-1 "二语三性法则"

销售用语

"**二语三性**"的第一个"语"是"**销售用语**",也就是一线销售人员会使用的话语;即使不是原话使用,也会以广告语的意思为基础,演绎成更加口语化的表达。一线销售人员会用的广告语,意味着它有销售力,也表明该广告语包含了一个有效的定位。

比如"怕上火,喝王老吉",一线销售人员就会按照它的意思,演绎成"王老吉凉茶可以预防上火""吃火锅容易上火,要喝王老吉凉茶"。又比如"经常用脑,多喝六个核桃",包含的卖点就是"六个核桃是补脑的饮料"。有次我带儿子去参加围棋升段赛,赛场外"六个核桃"的销售人员确实就是这样对顾客推销的。

糟糕的广告语,完全帮不到一线销售人员,一线销售人员就不会用它。像"悦,纳就是我""昕动,让你更自己"这类广告语,销售人员很少说。这类广告语在汽车、房产、银行等品牌的广告中可谓司空见惯。比如"善建者行"的中国建设银行和"大行德广"的中国农业银行这类企业具有雄厚的资金实力，经营者们也没人去深究这些钱砸出去后有什么效果。

顾客用语

"二语三性"的第二个"语"是**顾客用语**，意思是应当考虑顾客在转介绍你的品牌时会怎么说，因此广告语应当符合顾客的用语习惯，以利于顾客转介绍你的品牌。

要符合"顾客用语"，就要弱化广告腔。广告腔会降低顾客转介绍的意愿，会让听者反问："你是他们家的销售人员吗？"因此顾客在转介绍时需要转换成自己的语言，但转换过程需要耗费脑力，这就构成了传播的负担，即使这负担并不大，但在可介绍可不介绍时，顾客可能就不介绍了。

正如前面讲"品牌起名四要"时，我举的亲身经历的一个例子：打车时说目的地，如果要费劲解释，就会改口说省事的邻近地址。"二语三性"的"顾客用语"法则要求我们**尽可能降低一切传播负担**，因为多一分负担就少一分传播。

比如某个鲜奶品牌的售奶亭，招牌上的广告语是"新鲜每一天"，这就是标准的广告腔，顾客并不会用这句话来转介绍。如果改成"不卖隔夜奶",就更容易被顾客转介绍,并且"不卖隔夜奶"能更明确地指导专用配称,比如每天晚上 8 点开始打折清仓,最后甚至免费送出。

可信性

"二语三性"中的第一个"性"就是"**可信性**"。广告语满足了"**销售用语**"要求,表明广告语中包含了一个有效的定位,但如果顾客不相信广告所言,那广告就失去了应有的作用。

那么,怎样才能让顾客相信广告说的内容呢?这里有三个要点:**具体、归因、信任状**。

广告语因具体而显得真实,因真实而显得可信。比如"劲霸男装,专注夹克 29 年",其中"29"是很具体的数字,顾客潜意识就会觉得"专注夹克 29 年"是真的,这比"专注夹克几十年"要显得可信。

"归因"就是**给出理由**,而且这个理由要符合**顾客认为的因果关系**。比如"云南白药创可贴,有药好得更快些",顾客认同"**有药**"和"**好得快**"之间的因果关系,就容易相信云南白药创可贴优于其他创可贴,所以云南白药才能成为创可贴品类的领导品牌。

但很多事物的归因相当复杂,比如指出转基因和食物消化的科学原理来证明转基因食品其实很安全，那就太复杂了，不是绝大多数顾客所能理解的因果关系，远不如"90%的美国人都在消费转基因食品"更有说服力。因此，广告语要善于使用**信任状**来实现"**可信性**"这一要求。

比如"八马铁观音，国家非物质文化遗产""德州扒鸡，中华老字号"这类广告语，由于有权威政府机构的背书，顾客会相信这些品牌是有品质保障的。品牌通常有多种信任状，但一则广告能容纳的文字有限，因此要优先使用高级信任状，也就是最有说服力的信任状。

一个实际发布的广告，通常还具备文字表达之外的信任状，比如广告所用的媒介、代言人以及广告的设计感和品位。即使是非常棒的广告语，如果用歪歪扭扭的字体写在硬纸板上并立在马路边，顾客也会断定这是路边摊或夫妻店的广告。

竞争性

"**二语三性**"中的第二个"性"是"**竞争性**"，就是广告语要能把顾客从竞争对手那里转化过来。一个重要的判断标准就是你的广告发布后，竞争对手会不会有反应。如果竞争对手有反应，就说明广告的顾客转化效果明显，让竞争对手感受到了压力。广告是很费钱的商战利器，不能投到无人区。如果竞争对手没反应，我们就需要检讨一下，到底是广告语的竞争性不足，还是竞争对手已经麻木。

在凉茶大战中，当加多宝不再运营王老吉品牌并推出自主品牌凉茶后，加多宝立即启动广告攻势，诉求点是"怕上火，喝加多宝"，王老吉并没有反应；接着加多宝把广告语改成"正宗凉茶加多宝"，王老吉仍然没反应；最后，当加多宝的广告语改成"全国销量领先的红罐凉茶改名加多宝"，王老吉就产生了强烈反应，不仅向法院提起诉讼，并做了针锋相对的反广告"王老吉从未改名，怕上火，还是喝王老吉"。

类似例子还有"金威啤酒，不添加甲醛酿造的啤酒"，这则广告语引起了啤酒同行的不满，但金威啤酒大获成功，曾一度占据近70%的深圳啤酒市场份额。2016年，高时石材集团把简一瓷砖告上了法庭，就因为简一瓷砖的广告"高档装修，不用大理石，就用简一大理石瓷砖"，让石材企业痛恨，而简一却获得了快速增长。

暂且不论这些广告所涉及的法律争议或其他争议，单就效果而言，这些竞争性很强的广告，给品牌带来了快速增长，这背后的规律值得我们去发掘并妥善运用。

传染性

"**二语三性**"中的最后一个"性"就是"**传染性**"，就是要让广告不仅具备侵入顾客大脑的能力，还要具备让顾客主动进行二次传播的能力。传染性是广告文案中最需要创意和最难达到的要求，也是广告公司的价值所在。但如果不以前面的"二语二性"为前提，广告公司的创意就会漫无边际，最后也许广告创意拿了大奖，广告效果却不尽如人意。

正因为"传染性"是一个难度极高的要求，所以企业要请专业的人来做专业的事，在这里我只能提出几条简化的原则，那就是："冲突戏剧，简单易记；高频诱因，社交货币。"

有冲突性、戏剧性，广告才会被顾客关注、收看和看完；要想让顾客看过后能记住，广告就必须简单、容易记住；记住后，还想让顾客有回想起来的机会，广告就得含有高频诱因，以此来唤醒顾客对广告的记忆；最后，也是最关键的一步，要想让顾客主动二次传播你的广告，广告内容就得自带社交货币。

社交货币是社会传播学中一个很重要的概念，就是能给传播者带来社交利益，提升其社交地位的内容，也就是彰显价值。转述或转发这样的广告，会让传播者显得有品位、有爱心、正能量、信息灵通、关心对方，等等。为什么公益广告更容易被转发？就是因为能彰显转发者的爱心和正能量。

"今年过节不收礼，收礼只收脑白金"，这句被很多人吐槽的广告就利用了冲突原则：不收礼，却收脑白金；"过节""送礼"则是该广告包含的高频诱因，因为人们一年内会多次碰到节日和送礼场景，这时候很多人的脑子里就不受控制地冒出了脑白金广告。脑白金广告能被吐槽，说明它以特殊的方式创造了社交货币，让吐槽它的人彰显出自己的高级品位，但吐槽过程也帮脑白金实现了二次传播。脑白金创始人史玉柱说他创造的广告永远得不了广告界的大奖，但一直都在获得消费者的大奖。

完整应用举例

接下来，我们完整地运用一次"二语三性法则"来判断一则广告语。就以天图的广告语为例，"天图资本，专注消费品投资"是天图现在的广告语，当初还有另一个候选版本"天图资本，消费品投资专家"，我们来比较一下哪个版本更好。

从"销售用语"的角度看，天图的业务人员面对客户，是不好意思拍着胸脯说自己是"消费品投资专家"的，但说"我们专注消费品投资"就非常自然、得体。

从"顾客用语"的角度看，天图的客户或同行在转介绍天图时，一般会比较中立地说"天图是专门投资消费品的"，而不会像推销员一样说"天图是消费品投资专家"。但由于投资本身是很专业的事，"专注"自然就让人觉得你"专业"，因此并不需要用文字直接表达自己是专家，让顾客自己得出结论会更好。

从"可信性"角度看,"专注消费品投资"不会有人怀疑,但"消费品投资专家"就需要更强的信任状,否则难以令人信服,尤其是在聚焦消费品投资的初期,还缺少高级信任状的时候,直接宣称自己是"消费品投资专家"的可信性是非常不足的。

从"竞争性"角度看,两个版本都很有竞争性,因为在天图之前没有哪个机构去抢占这个定位,而且也有同行告诉我说天图的广告语让他们感受到了压力。

从"传染性"角度看,两个版本都有所不足。当然对于寥寥几个字的广告,也不用苛求传染性,80分的广告语已经很好了。

德州扒鸡曾经聘请广告公司策划出的广告语是"德州扒鸡,再忙也要聚一聚",显然走的是品牌形象论的路线,和"维维豆奶,欢乐开怀"一样,对顾客有意义的只有前四个字。对顾客来说,"再忙也要聚一聚"与扒鸡没什么关系,这样的广告语,远不如大白话"德州扒鸡,327年传承的中华老字号"。

广告的主要任务是和潜在顾客沟通,而不是和已有顾客沟通。对于潜在顾客而言,品牌三问的答案才是他们迫切想知道的信息。对于广告语难以理解的陌生品牌,潜在顾客是直接无视的。在现实生活中,我们不会和陌生人打哑谜,但在策划广告时,很多人就忘了这个原则。在品牌商业模式里,广告肩负的任务是触达和转化潜在顾客,而不是完成已有顾客的锁定和扩增。

已有顾客的锁定和扩增，关键在于产品力和交易结构设计，正如熟人交往中，你是什么样的人，和我是什么关系，比你怎么说更重要。

当然，也不是说广告与已有顾客完全无关。**对于以彰显价值为主的奢侈品牌来说，广告是品牌彰显价值的重要组成部分。**这时，广告的格调、品位、代言人、媒介选择都需要更加慎重对待。

▪▪▪▪ 本章小结 ▪▪▪▪

定位广告语应当符合"二语三性法则"："二语"指的是销售用语、顾客用语；"三性"指的是可信性、竞争性、传染性。利用"二语三性法则"可以快速判断广告语的优劣。

广告的主要沟通对象是潜在顾客，所以要假定潜在顾客是初次听说你的品牌，这样才能避免自说自话的广告；对于锁定和扩增已有顾客，产品实力和交易结构才是关键。

第三部分

定位的进阶知识

第 15 章

品类三界之产品品类

人们对事物进行**分类意味着人们对事物的某种认知进步**。例如，最初人们把生物分为动物界和植物界，意味着人们对生物能否自主运动的认知；后来又分立出原生生物界，意味着人们对单细胞生物的认知；接着又从植物中分立出真菌界，意味着人们对植物能否进行光合作用的认知；之后又分立出原核生物界，意味着人们对生命有无细胞核的认知；最后又分立出病毒界，意味着人们对非细胞生命的认知。

品类三界概述

品类三界论所代表的认知进步,就是对专业分工和顾客购买决策双重规律的揭示。

专业分工规律与品类三界的形成

专业分工是效率提升的关键,专业分工的最终成果就是品类分化:以前用一个品类去满足的需求,现在用多个品类去满足,提高了针对性,从而提高了效率。在无穷无尽的品类分化中,有两个分化逻辑是顶层的:其一是**商品生产和销售的分离**,简称"**产销分离**";其二是**购买决策和执行的分离**,简称"**导购分离**"。

在极早期的经济活动中,生产和销售并不分离。比如,王铁匠既要打铁又要销售铁器,但能说会道的能工巧匠很少;更常见的情形是,王铁匠擅长打铁但是木讷寡言,王夫人不会打铁但是能说会道。这种**禀赋差异会促进自发分工**:王铁匠负责打铁,王夫人负责销售。这就是**生产组织内部的产销分离**,使生产和销售分工成为不同的部门。

即使没有禀赋差异,主动分工导致的熟能生巧,也能大幅提高效率。亚当·斯密在《国富论》开篇就讲制针工厂中的工人如何分工,让人均产出提升了数千倍。现代企业常常涉及数十上百个工种和岗位,常常被非正式地分为"前台"和"后台"两大类,其实"前台"大致对应着销售和客服类业务,"后台"大致对应着生产和管理类事务。

随着分工的深化,内部的产销分离已经不能满足效率要求,因此出现了**外部的产销分离**,即出现了专门从事销售业务的第三方——渠道类企业。渠道类企业可以拥有更强的规模经济和范围经济,比如可以满足顾客的一站购齐需求,提供更加高效的售后服务、支付工具等。

如果由生产企业去满足一站购齐需求,那么企业就得生产太多种类的商品,违反专业分工规律,因而很难做好;而且其售后服务、会员和支付体系、仓储和物流等活动的规模经济性都会不足。更重要的是,满足一站购齐需求的渠道类企业,可以灵活运用交叉补贴策略,也就是在一些商品上少赚钱甚至赔钱,而在另一些商品上赚更多钱,这种定价策略使得专业渠道企业相较于自产自销企业的竞争优势越来越大。

这样,商业的物种就分成了**产品品类**和**渠道品类**两个界别。支持一站购齐的渠道品类,顺应了分工规律,所以发展很快,它们销售的商品也越来越丰富。但从顾客角度看,面对越来越丰富的商品,顾客就需要越来越多的时间和知识来做出选择,所以渠道品类必须建立导购职能。分门别类的商品陈列,就是最基本的导购方式;此外,导购人员、站内查询系统等,都是**渠道品类内部的导购分离**。

随着选择的不断增加，渠道品类自身的导购能力越来越难以满足顾客需求。比如最精简的超市阿尔迪，销售 700 多种商品（对此，有一个专业术语叫 SKU 即最小存货单位）；好市多超市，销售 4000 个 SKU；沃尔玛超市，销售 15 万个 SKU；京东上市之前就销售着 2570 万个 SKU；淘宝目前销售着超过 10 亿个 SKU，从而被称为"万能的淘宝"。

面对汪洋大海般丰富的选择，顾客反而陷入了选择困难症，直接去渠道做选择有时候是无效率的，需要提前做出选择，这时，**销售与导购职能就发生了外部分离，出现了专门帮助顾客做攻略、做选择的第三方工具，比如搜索引擎、旅游攻略、美食地图、电商比价工具等导购品类。**

顾客购买决策与品类三界的形成

让我们从专业分工角度切换到顾客购买决策角度，不难发现，任何购买决策都要解决两个基本问题：买什么？去哪买？到了选择激增、高难度选择越来越多的时代，"如何选择"也成了购买决策的基本问题。

根据品类与购买决策三大问题的关系，同样可以把纷繁复杂的品类划分成三大界别：

（1）回答"**买什么**"这个问题的品类是产品品类，比如家用空调、智能手机、汉堡快餐，能够关联到的品牌就是产品品牌，比如格力、华为、麦当劳。

（2）回答"**去哪买**"这个问题的品类是渠道品类，比如超市、电器店、水果店，能够关联到的品牌就是渠道品牌，比如沃尔玛、苏宁、百果园。

（3）回答"**如何选择**"这个问题的品类是导购品类，比如搜索引擎、餐饮指南、旅游攻略，能够关联到的品牌就是导购品牌，比如百度、大众点评、马蜂窝。

产品品类与渠道品类的辨析

本章主要展开分析产品品类，它是品类三界中种类最为丰富的一界，前面章节中所举品类例子绝大多数是产品品类。在传统定位理论中，所涉及的品类例子也大多是产品品类；由于缺乏品类三界的区分，即使无意间涉及了渠道品类，认识上也会有很大偏差。

产品品类和渠道品类有时不太容易区分，因为产销分离不彻底。比如品牌服装专卖店，实际上是产品品类，是品牌服装自产自销。比如周黑鸭也开店直销，但周黑鸭明显是产品品牌，因为它回答的顾客问题主要是"买什么"而不是"去哪买"，顾客更多说的是"去买周黑鸭""买一盒周黑鸭"。随着新型零售渠道兴起，周黑鸭正在进入网购、外卖和新型便利店，实现产销分离。

因此，区分产品品类和渠道品类，首要标准就是看它回答的是"买什么"还是"去哪买"的顾客决策问题，其次就是看该品类是否有明显的生产性增值活动，因为产品品类是为顾客创造使用价值的，必然涉及明显的生产性增值活动。

是否有明显的生产性增值活动这个标准，可以帮助我们判断电影院这样的品类属于产品品类还是渠道品类。直觉上我们很容易把电影院看成电影的销售渠道，实际上电影院有明显的生产性增值活动，电影胶片只是其中比较重要的原料。正如米面供应商应将餐馆看成自己的顾客而非销售渠道，因为餐馆购买米面是要再加工才会出售的。

从顾客对价格差异的反应可以协助判断是否有生产性增值活动。相邻的两个便利店，同样的一瓶可乐，一家卖 2 元，一家卖 3 元，几乎所有顾客都会选择卖 2 元的那家店。但两家相邻的影院放映同一部电影，一家票价 100 元，另一家 150 元，顾客并不一定会选择 100 元的那家，因为价差背后是影院提供了价值不同的观影服务：一家是硬座小屏幕普通音响，另一家是软座大屏幕高级音响。即使在家里可以上网免费看这部电影，但仍有大把人去电影院看，这就进一步揭示了电影院生产性增值活动的价值。

服务型产品品类

产品品类不一定是实物。商业理论中为了行文简洁，单说"产品"时，一般包含了服务型产品，有时候为了避免歧义也会说成"产品和服务"。在升级定位理论中我们采用简洁版说法，因此产品品类包括了服务型产品品类。

服务型产品品类指的是消费和生产不能分离或不能完全分离的产品品类。比如学校、医院、理发店、餐厅、电影院，它们的消费和生产不能完全分离，而矿泉水、运动鞋、手机、电脑等实物产品的消费和生产就可以分离。

服务型产品一定包含非实物性质的服务，但非实物产品未必一定是服务型产品，比如下载后自己听的音乐歌曲、自己玩的单机版游戏，就是**既非实物也非服务的产品品类**；而需要一直连接游戏服务器的多人在线游戏，消费过程和生产性增值活动不能分离，因而是服务型产品品类。

上述理论辨析，可以帮助我们消除一些常见的误区。比如**星巴克卖面包和三明治是不是品牌延伸？** 实际上，这种做法并非品牌延伸，因为**星巴克所属的品类不是咖啡，而是咖啡馆**，咖啡馆卖点心是符合顾客预期的。

星巴克在很长一段时间纠结于卖面包和三明治是否会破坏定

位，其实是理论指导不足的结果。如果雀巢咖啡卖雀巢三明治、雅哈咖啡卖雅哈面包，那就是破坏定位的品牌延伸，因为雀巢和雅哈所属品类分别是速溶咖啡、罐装咖啡，是在零售渠道销售的非服务型的产品品类。

强势品类与弱势品类

接下来讲创业者和投资人掉得最多的坑，这个坑涉及一对关键概念，那就是**强势品类**和**弱势品类**。俗话说"男怕入错行"，"行"的对错之分是什么？在定位理论中，最接近"行"的概念，就是品类。品类天生不平等：有的品类需求大，有的品类需求小；有的品类正在兴起，有的品类正在衰亡；有的品类关注度高，有的品类关注度低；有的品类能出强势品牌，有的品类几乎没有品牌。

由于企业经营的核心成果是品牌，因此，品类能否建立强势品牌，是我们最关心的。能够建立强势品牌的品类就是强势品类，否则就是弱势品类。那么，如何才能区分强势品类和弱势品类呢？

最重要的就是要考查品类自身完成心智预售的能力。顾客产生一种需求时，往往有多个品类可以满足该需求，而最弱势的品

类，品类自身就难以完成心智预售。比如，你去水果店之前，是不太可能想到要买"鸡蛋果"这种水果的，因此鸡蛋果就是最弱势的水果品类之一。那么，要打造鸡蛋果的专家品牌，就难如登天。全球有一万多种水果，显然绝大多数水果都难以完成心智预售，无法打造专家品牌。

另一些品类虽然自身能完成心智预售，即顾客在购买前会想到要购买这些品类，但这些品类通常单价很低，或购买频率很低，或顾客容易自行判断质量，或属于个人私密消费，因而不需要专家品牌提供保障价值彰显价值，那么，**顾客就不太会费心去记忆产品品牌**，也就很难打造专家品牌，比如拖鞋、纸杯、指甲刀、铅笔、便笺纸等**就是弱势品类**。

反过来，如果品类能够完成心智预售，而且单价较高，顾客难以自行判断质量，或者属于社交及当众消费，那么**顾客就希望由专家品牌来提供保障价值和彰显价值**，这些品类**就是强势品类**，强势品牌就能应运而生。比如空调、冰箱、洗衣机等多数大家电，教育、医疗等购买风险较高的品类，汽车、手表、手机等大额、耐用、彰显性的消费品，都是强势品类；B类顾客的核心生产设备、购买风险高的战略咨询服务，也是强势品类。

由于在弱势品类里打造品牌的难度较大，那么选择这些品类进行创业的难度也就更大，有经验的投资人也会回避弱势品类中的创业项目。比如，有创业者想在凤梨酥这样的品类中创业，我就替他捏一把汗,因为除了在特定的旅游城市,凤梨酥连品类心智预售都难以做到。

但是,弱势品类也是顾客需要的品类,也是市场上实际存在的品类。那么,**一个尖锐的问题就来了:弱势品类相关企业的核心经营成果还是品牌吗?如果是,又如何体现呢?** 幸好,升级定位理论能做到逻辑自洽,不会自相矛盾。突破口就在于:从购买决策角度看,顾客如何完成弱势品类的购买决策。

第一种办法,顾客依靠渠道品牌完成购买决策。 比如顾客不可能记忆一万多种水果的专家品牌,他们只需要记住百果园这样的渠道品牌,因为百果园会对采购和销售的水果进行质量把关。因此,**在一个抽象品类中的具体品类多而且弱时,就容易出现强势的渠道品牌**,这正是天图投资百果园的底层逻辑之一。"对庄翡翠"是我在黑马创业实验室的一个学员的品牌,在升级定位理论指导下该品牌被重新定位为"对庄翡翠市场",并采取渠道品牌的经营方法,3年内月销售额从不足1000万元上升到超过2亿元。

第二种办法,顾客依靠强势品牌的延伸完成购买决策。 比如,水果这个抽象品类中有橙子、香蕉、奇异果这样的强势品类,产生了相应的强势品牌新奇士、都乐、佳沛,这些强势品牌延伸到弱势水果品类时也会被顾客优先选择,比如都乐的菠萝。因为在弱势水果品类中缺乏专家品牌,所以延伸品牌能提供保障价值。办公用品中弱势品类也很多，3M这样的强势品牌就可以延伸到很多弱势办公用品，仍能被顾客优先选择，但3M延伸到电脑、打印机这样的强势品类，就力所不及。

此外，还有一个重要问题：**弱势品类的生产企业如何创造自己的核心经营成果呢？**这是一个高难度问题，但还是难不倒升级定位理论。弱势品类生产企业有两种办法创造经营成果，一是在相关的强势品类中建立强势品牌，然后将品牌延伸到弱势品类中去，例如老板在油烟机中建立了强势品牌，之后延伸到燃气灶、消毒柜就很成功；另一种办法是在产业链上退一步，成为OEM品牌，即代工品牌，例如富士康就是相当强势的代工品牌，它销售的不是某种具体电子产品，而是按需制造电子产品的代工服务。我在黑马实验室有个学员就采用了退一步策略，这一策略让他的企业从经营蜂蜜柚子茶品牌的持续亏损中解脱，靠优质产能做代工很快实现了盈利。

品类生命周期与市场效率

强势品类与弱势品类的划分，还会碰到一个挑战就是新品类在诞生的初期，也是很弱小的，因为绝大多数人不知道，因此也难以完成品类心智预售。新品类和弱势品类还是有很大不同：新品类满足了现有品类未能有效满足的需求，因此潜在顾客虽然不知道新品类的名字,却迫切需要新品类。因此,**新品类开创者要为新品类起个好名字,并代言新品类的核心利益,就有可能让潜在顾客一见倾心,接纳新品类和新品牌**。艾·里斯在《品牌的起源》中说,开创并主导一个新品类是打造强势品牌的捷径。

强势品类发展到一定阶段,有可能出现性能过剩、创新停滞、各品牌逐渐同质化,从而导致品牌的保障价值越来越弱,这时品类就会逐渐演变成弱势品类,顾客对品牌的依赖就会转移到渠道品牌或强势品牌的延伸上去,只有奢侈品牌才能靠彰显价值生存下去。

例如,某个时期人们用剪刀剪指甲,发现很不好用;指甲刀出现后很快就成为强势品类,这时就出现了指甲刀强势品牌,比如"777";但由于指甲刀很快就达到性能过剩状态,顾客随便在超市、小百货买一把指甲刀就够用了,所以顾客就不再关注指甲刀品牌了。

弱势品类难以打造新品牌,也就阻止了更多资源投入同质化竞争中去,这正是市场内在效率的体现。在品类由强转弱时,市场内在的效率逻辑有利于原来的领导品牌加强领导地位,阻止新进入者。比如碱性电池已经变成了弱势品类,所以原来的领导品牌南孚电池的市场份额越来越大,进入了垄断状态。

电风扇品类也在经历由强到弱的过程,创新日渐枯竭,产品越来越同质化，因此顾客对风扇品牌的关注度不断下降。但戴森进行了颠覆式创新，推出了无叶风扇，分化出一个相对强势的新品类，使戴森成了强势品牌，然后它开始向相近的弱势品类延伸，顺势收割电吹风、台灯等弱势品类，这也是**市场鼓励有效创新**的一种内在效率机制。

当然，关于强势品类和弱势品类，还有更多微妙之处，等待你去探索和实践。

▪▪▪ 本章小结 ▪▪▪

从专业化分工和顾客购买决策的规律出发，可以将纷繁复杂的品类划分为产品品类、渠道品类、导购品类三个顶层界别。

产品品类是最为丰富的一界，不仅包括实物产品，也包括服务型产品，还包括非实物非服务的无形产品。强势品类和弱势品类是一对极其重要的概念，能有效帮助创业者和投资人选择更好的赛道，提高竞争效率。市场经济内在的效率逻辑也会奖励有效创新、惩罚同质化竞争。

第 16 章

品类三界之渠道品类

渠道品类概述

最古老的渠道品类是集市。从不定期开市的集市,到定期开市的集市,再到天天开市的集市,这些集市背后的驱动力就是市场交易的巨大红利和专业分工形成的相互促进的正反馈循环。随着交易频率和规模不断增加,集市里建起了永久设施,产生了持续经营的"坐商",手工作坊也向集市汇聚以便就近采购、生产和销售;人口的汇聚必然带来消费服务业的汇聚;人口和财富大量汇聚之后,便需要筑起城墙保护,最后就演化为了城市。

从品类角度看，古老的**集市一经产生，就开始了品类分化**。比如基于选品的差异，分化出了布市、盐市、菜市、马市，一些老城市街道名就反映着集市品类分化的历史，比如不少城市有布市街、盐市口、菜市口、骡马市，等等。

在品牌化经营的现代渠道品类中，品类分化就更丰富了：购物中心、百货商场、超市、家具店、书店、便利店、水果店、母婴店、自动售货机、网上商城、网上超市、网上书店、视频网站、应用商店、外卖平台、出行平台、商品交易所、证券交易所、小商品批发市场、建材批发市场等无所不包。

尤其是互联网的普及，使服务型产品品类也实现了产销分离，如旅行的携程、爱彼迎，出行的滴滴、优步，电影票的猫眼等都颠覆了过去服务型产品品类只能现场交易的局面。

一阶渠道与高阶渠道

根据渠道的商品聚合方式，我们可以将渠道划分为一阶渠道和高阶渠道。一阶渠道直接销售各种产品品类，像便利店、药店、小超市、书店就是一阶渠道；高阶渠道则容纳了其他一阶渠道实现多层次聚合商品，比如大型超市往往容纳了药店、烟酒店等一阶渠道，大型超市自身则成了高阶渠道。

最典型的高阶渠道是现代购物中心，除了大量产品品牌专卖店入驻，还有超市、电器店、书店、玩具店、美食广场等渠道品类入驻，这种做法差不多成了购物中心的标配。甚至城市也可以在某种意义上视为高阶渠道，问顾客"去哪买"，答案可能出现香港、巴黎这样的城市。

划分一阶渠道和高阶渠道，不只是理论上的需要，而且还对企业经营有着实际指导作用。在生鲜电商兴起时，百果园就面临着重大决策：不做电商，担心被电商颠覆，做电商又很烧钱，严重拖累线下发展；因此企业一直很纠结。天图投资百果园后，根据渠道分阶理论，我们向百果园建议线下做独立的一阶渠道，通过并购加速扩张；线上优先入驻高阶渠道，进入各大外卖平台销售，极大减少早期投入并且迅速上量，自有App、小程序则可以按部就班地发展。目前百果园线上销售已超过20%，自有App、小程序销售占比也越来越大。

渠道品类三大特性

前面讲到，渠道品类是企业外部产销分离的结果，是众多生产型企业将销售活动剥离给第三方集中处理，以获取专业分工的巨大利益。因此，**渠道品类的经营活动所涉及的费用主要是交易费用**。第15章我们辨析电影院时，因为电影院的主要经营活动属于生产性增值活动，因而将电影院划界到了产品品类。

交易费用是合约经济学的核心概念。什么是交易费用呢？著名经济学家张五常说，**交易费用就是一人世界不可能存在的费用**。市场分工出现渠道品类的目的，就是集中处理交易费用。因此，**渠道品牌竞争的关键就是降低交易费用**。由此，我们可以提炼出渠道品类的三大特性：便宜、便利、特色，针对性地降低不同类型的交易费用。

便宜

"便宜"是渠道品类的第一大特性，指的是同样的东西卖得**更便宜（而不是卖低价货），这就降低了多数人多数情形下的交易费用**。比如多数顾客每周去一次超市，集中采购一周的日常消费品。于是，沃尔玛靠"五公里死亡圈"的价格杀手之名，成了全球超市之王。德国阿尔迪超市则采取极度精简策略，只销售 700 多个 SKU，使得它的总销售额虽然低于沃尔玛，单品平均采购金额却比沃尔玛高几倍，所以做到了单品采购成本比沃尔玛更低，销售价格比沃尔玛更便宜，最终把沃尔玛彻底赶出了德国，创始人阿尔迪兄弟也成了德国首富。

在"品牌三问"的"有何不同"中讲到：对于产品品牌而言，价格差异很难成为有效定位。但对于渠道品牌而言，**同样的产品卖得更便宜**，却能成为一个强大的定位，关键就在于"同样"两个字的含义：不仅产品相同而且品牌相同。要把同样的东西卖得更便宜并且持续盈利，渠道品牌必须高效配称，降低渠道成本。例如，为了减少整理购物车的人工成本，阿尔迪超市将购物车锁在存放点，顾客投入一个硬币才能解锁，用完之后推回存放点锁上，硬币就会跳出来；如果顾客不将购物车推回原处，其他人就可以将其推回原处并获得锁里的硬币。

便利

"便利"是渠道品类的第二大特性，降低的是直接价格之外的交易费用，特别是顾客的通勤成本、计划性采购的决策成本以及等待的时间成本。例如，你在下厨过程中发现酱油没了，楼下便利店的酱油比超市贵5毛钱，你还是会买；看球赛过程中你的啤酒没了，楼下小卖部的啤酒比超市贵5毛钱，你也会买。

随着人均收入不断提高，顾客的时间成本也越来越高，"便利"在渠道品类三大特性中的地位也在不断提高。近年来，便利店的增长速度一直快于超市的增长速度，成为线下增长最快的渠道品类之一；并且基于便利性，分化出了越来越多的渠道新品类，比如自动售货机、社区超市、网上商城、网上超市、外卖平台等，这些新品类分别在距离近、送货上门、24小时营业等具体的便利性上进行分化。

特色

"特色"是渠道品类的第三大特性，它降低了特定人群的交

易费用，是渠道品类分化的最大来源。通过针对特定人群的需求，优化选品策略，选择销售特定品类、特定档次的商品，可以降低特定人群的产品搜寻、质量判断、讨价还价等交易费用。比如针对低收入人群，出现了十元店、跳蚤市场等只卖低价商品的低端渠道；也有针对高收入人群只卖精品、知名品牌或进口货的精品百货、精选超市等高端渠道。

更多"特色"渠道是针对某些抽象品类的重度消费者或挑剔人群，在这些抽象品类中提供比其他渠道更丰富的选择，就能形成所谓的"垂直渠道"。比如针对水果重度消费人群，出现了水果店和水果超市，它们的商品多样性虽不如综合超市，但是水果的丰富度却远胜综合超市。类似的分化不胜枚举，比如针对玩具重度消费人群，分化出了玩具店；针对图书重度消费人群，分化出了书店、书城；针对视频内容重度消费者，分化出了视频网站；针对美食爱好者，分化出了美食广场、美食街。

产品品类具备明确的物理特性，渠道品类的物理特性和市场特性的边界则比较模糊。分类系统的边界模糊通常不可避免，也不是非解决不可的问题。

比如，渠道品类的"便宜"体现为可比商品价格，离物理特性较远；渠道品类的"便利"则通常包含着物理实现方式的差异，比如近距离开店或送货上门；而渠道品类的"特色"是基于特定人群的选品，类似于市场特性的"受青睐"，但选品差异也是物理性差异。当然，渠道品类也有开创者、领导者、热销等相对清晰的市场特性。

弱势渠道品类

第 15 章讲到，当某个抽象品类中的弱势品类太多时，顾客会依靠相应的渠道品牌或延伸的强势产品品牌来获得保障价值，从而降低交易费用。那么，渠道品类都是强势品类吗？其实不然，**渠道品类中也存在弱势品类**。显而易见的原因之一是渠道品类也会衰亡，在最终消亡之前，必然会经历成为弱势品类的阶段。

比如，顾客不太会关注楼下杂货店的品牌，甚至高速发展的自动售货机品类，顾客也不关注它是什么品牌，只会直接关注售货机里销售的产品品牌。

那么，自动售货机产业直接相关企业的核心经营成果如何体现呢？价值链分析表明，主要有两类品牌承载了自动售货机产业的核心经营成果：

第一类品牌是自动售货机硬件品牌，这类品牌其实是 B2B 品牌，被自动售货机运营商所关注；第二类品牌是就是自动售货机运营商品牌，负责选品、供应链、机器运营，也是 B2B 品牌，被加盟商、场地提供方所关注。

自动售货机作为渠道品类，是 2C 的弱势渠道品类，但自动售货机硬件和自动售货机运营却是 B2B 的强势产品品类，正在快速发展，而且被资本青睐。品类分析不仅是创业者要做的重要功课，也是投资者的重要功课。

产品品牌与渠道品牌的博弈

产销分离之后，产品品牌与渠道品牌既要相互合作实现分工之利，又要争取获得更大份额的分工之利，所以二者存在相互博弈的关系。

对于产品品牌来说，基本策略就是打造品牌，扩展渠道，实现心智预售。心智预售能力强的产品品牌能给渠道引来顾客，众多渠道品牌就会竞争这些产品品牌的入驻，产品品牌就能享受更低的入场费、扣点甚至获得渠道补贴。比如一些自身品牌不太强的购物中心为了拉拢某些强势品牌入驻，不惜倒贴装修费，甚至对强势品牌反向保底销售额。

对于渠道品牌来说，基本策略同样是打造品牌，按顾客的期望选择和扩展所销售的品类及品牌，成为顾客心智中某些品类"去哪买"的首选，实现心智预售，这就是渠道创造的"自有流量"。心智预售能力不强的产品品牌就要为获得这个流量付出进场费、上架费、堆头费、销售扣点等费用，成为渠道品牌的重要利润来源。

但渠道品牌不能简单粗暴地利用自己的交易地位，获得针对产品品牌的持久博弈优势。经济学的内在逻辑，要求渠道品牌必须善用自己掌握顾客需求的信息优势，降低交易费用，提升整个产业链的分工合作效率，比如沃尔玛就通过向供应商开放零售数据，提高了供应商的生产和研发效率。

对于渠道品牌来说，自有产品品牌策略是一个重点，也存在诸多误区：

对于弱势产品品类来说，打造专家型产品品牌效率不高；反过来说，这就是渠道品牌用自有产品品牌销售的良好机会，因为顾客更可能依赖渠道品牌的保障价值，协助完成对弱势产品品类的购买决策；

对强势产品品类来说，顾客更可能依赖专家型产品品牌，那么渠道品牌在这些品类上用自有品牌参与竞争，会增加竞争的"租值消散"，用通俗的话来说就是两败俱伤，并导致供应商强烈的不安全感，增加长期合作的成本。

但对于弱势产品品类而言，顾客也会依赖强势产品品牌的延伸来协助完成购买决策。这时**渠道自有产品品牌和强势产品品牌进行延伸，各自的边界在哪里？**

除了考虑顾客认知效率，更多地取决于供应的效率，特别是规模经济和范围经济。强势产品品牌延伸的边界是不要破坏品牌定位,并且配称的共用效率要较高。渠道自有的产品品牌则需要与专业高效的代工品牌合作,这也是弱势品类生产者退后一步做供应商品牌通常能改善盈利的原因。总之,颠扑不破的底层逻辑,就是经济学的效率法则。

罗兰贝格咨询公司在对 2016 年欧洲主要零售商的研究中发现,在婴儿食品、化妆品、个人护理、酒类这些强势品类中,产品品牌的保障价值和彰显价值都比较强,因而渠道自有品牌的占比被压制在 2%～6% 之间,而在宠物食品、纸制品、冷藏食品这些弱势品类中,渠道自有品牌占比则高达 21%～32%。

中国市场的情况可能会有所不同,比如在食品安全忧虑明显的大环境下,中国顾客可能更需要强势产品品牌来对冷藏食品提供保障价值,所以才有湾仔码头、三全、思念等比较大的速冻食品品牌。

■■■ **本章小结** ■■■

最古老的渠道品类是集市,并基于"特色"和"便利"两大特性不断分化。根据商品聚合方式的不同,渠道还可以划分为一阶渠道和高阶渠道。

渠道品类的核心任务是降低交易费用，这个核心任务决定了渠道品类的三大特性分别是：便宜、便利和特色，针对性地降低不同情形下的交易费用。

渠道品类也有强势品类与弱势品类之分，指引着企业家采取不同的战略，有效创造经营成果。

产品品类和渠道品类是产销分离的结果，分工之后要合作，也要竞争获取分工之利。产品品牌和渠道品牌应在各自最有效率的边界内经营，从而提升整个市场的效率。

第 17 章

品类三界之导购品类

导购品类概述

　　因为渠道品类汇集了丰富的产品，所以为了提高顾客的选择效率，渠道内部分离出了导购职能。随着有选择困难症的不断增多，导购职能又产生了外部分离，出现了功能更加强大的导购品类。当然，并非所有导购品类都是从渠道中分离出来的，比如向导、媒人这些古老的导购品类，就很难说是从渠道品类中分离出来的。向导、媒人这些导购品类也一直在进化和分化，比如，导游、旅行攻略、婚姻介绍所、婚恋网站就可以看作是由它们衍生而来的品类。

虽然导购品类历史相当悠久，但一直是品类三界中最弱小的一界。因为古代商业不发达，因此分工也不丰富，导致选择比较少，从而有选择困难症的人们也就比较少。但现代经济是全球市场经济，人们的选择无比丰富，活动空间无限扩大，导致选择激增，很多人患上了选择困难症，其表现就是推迟选择、逃避选择。

随着互联网时代的到来，除了产品和服务的选择激增，要学的知识、要了解的资讯也发生了大爆炸，使得现代人的选择困难症不断加重，但化解选择困难症的曙光却也伴随着互联网而出现。

导购品类聚焦于信息处理，互联网则是处理信息、降低信息费用的利器，因此互联网使得导购品类物种大爆发，催生了搜索引擎这种综合导购以及各种垂直导购，比如旅游攻略、餐饮指南、购车指南、就医指南、投资顾问等。Google 成为市值超过 1 万亿美元的互联网公司，就证明了导购品类的强大。

那么问题来了：所有媒体都处理信息，那导购品类和普通媒体有什么区别？区别很明显，因为从用户角度看，在选择困难时想到的品类才是导购品类，比如搜索引擎、餐饮指南、旅游攻略；与选择困难症无关的信息消费，比如新闻媒体与视频网站，就不属于导购品类。虽然新闻媒体与视频网站中夹带的广告也在影响顾客的选择，但顾客不会在碰到选择困难时想到并专门去看这些媒体中的广告。

导购品类三大特性

导购品类不像渠道品类那样受制于产品选择、仓储物流、货架管理、销售管理、售后服务等运营活动，它能够专注于信息处理，全力降低信息费用，因而能把导购功能做到极致，实现**权威性、全面性和专业性**，这就是导购品类的三大特性。

权威性

权威性即公信力、可信性，它可以来自国家、政府或行业协会等权威机构的背书，也可以来自品类开创者地位。比如福布斯富豪榜、《财富》500强，至今仍是各自领域最为权威的排行榜（排行榜是一种能影响潜在顾客选择的导购品类），其权威性就来自于其开创者地位。进入顾客心智的品类开创者，通常意味着正宗和权威。

权威性还与利益中立相关。如果利益不中立（专业术语叫"利益冲突"），则会影响导购品牌的权威性。假如清华大学发布一个大学排行榜，就存在利益冲突，瓜田李下，很难让人相信清华大学能客观中立地对待自己和竞争院校。因此，泰晤士大学排行榜就显得更加中立和权威，但仍然有人非议其偏向英语国家的大学，可见完全中立不是那么容易做到的。

权威性还与顾客已经形成的普遍认知有关。假如中国酒业协会对中国白酒品牌影响力进行排名，把茅台排在第 2 名，那么顾客可能会好奇所用的排名方法；但如果把茅台排在第 20 名或排在酣客之后，则顾客只会质疑排名的公正性而不论其排名方法。

如果导购结果直接受到付费等商业利益的影响，导购结果就会部分或全部丧失中立性。例如百度竞价排名风波，导致百度搜索结果的权威性、可信性遭到严重质疑，品牌认知优势受损，最后百度不得不道歉并在竞价排名的搜索结果中用"推广"标志加以区分，以避免误导用户。但小白用户可能不明白"推广"二字的含义，所以后来又有了百度医疗广告风波。

当然，**在用户可接受的范围内增加一点噪声信息，是导购品牌赖以生存的收入基础。因此，导购品牌要么向用户收费，并尽最大努力消除噪声；要么向广告主收费，适当增加一点噪声**。其商业逻辑类似于免费电视插播广告，付费电视则消除广告。天下没有免费的午餐，"适当增加噪声"其实是社会总成本的优化，也最考验导购品牌的配称设计。Google 在搜索结果的右侧显示广告，可能就比百度直接在搜索结果中显示广告的社会总成本更低。

全面性

全面性指导购品类应当有效覆盖大多数顾客所期望的信息。既然导购品类是因顾客的选择困难症而生,那就不能"雪上加霜",加重顾客记忆负担和选择困难症,所以导购品类这一界物种数相对较少,否则就得求助于"导购的导购"了。

渠道品类也要求产品的某种全面性(即"一站购齐")。顾客在决定"买什么"时涉及的产品品类异常丰富,但在决定"去哪买"时所用的分类标准就要抽象几个层次,因而渠道品类比产品品类少得多。比如,顾客买空调,多半会想到电器店而不是空调店;买香蕉不会想到香蕉店而会想到水果店。渠道品类需要汇集相对丰富的产品品类才能有效降低流通费用,即使以极度精简 SKU 著称的阿尔迪超市,仍然有 700 多个 SKU。

当顾客面对"如何选择"的困难而寻求导购品类帮助时,导购品类所用分类标准通常比渠道品类所用分类标准抽象层级更高,因而导购品类涵盖的产品信息通常要比渠道品类涵盖的产品种类更广泛。顾客最容易想到的导购品类就是搜索引擎这种综合导购。导购品类覆盖信息的全面性,可以避免过多导购品类的出现,从而减轻顾客的记忆负担和选择困难症。由于导购品类只处理信息而不处理交易,因此导购品类增加信息种类比渠道品类增加产品种类容易得多,能实现更大的全面性。

导购品类主要为产品品类导购,因为产品品类最为丰富,所以选择困难也最为普遍。其中，综合导购品类如搜索引擎可以为渠道品类甚至其他导购品类导购，但这只是附带为之，因为专门为渠道品类导购的导购品类很难有发展空间。在"千团大战"期间，竟然出现了"团800"这种专门为团购网站导航的导购品牌，其命运可想而知。

虽然导购品类存在全面性的要求，但这种全面性应当以顾客认知中的品类边界为限。顾客对导购品类的分类不是连续的，他们可以从仅涵盖一个抽象品类（比如餐饮指南）的导购品类直接跳跃到涵盖所有品类（比如搜索引擎）的导购品类。不明白顾客分类标准的企业，常常会发明伪品类，比如发明"分类信息网站"来包容多个抽象品类，却难以与顾客有效沟通。

例如58同城作为一个导购品牌就面临品类归属的难题，只好说自己是"一家神奇的网站"，但顾客的好奇心已经被互联网信息洪流极度稀释，对品牌自称的"神奇"很难产生好奇。因此，58同城只好今天说找工作，明天说找房子，后天说二手车交易，才能够临时对接顾客需求，但却难以形成清晰、稳定的品类认知，并且找房子、找工作、二手车交易都面临强大的专家品牌竞争，所以58同城这个品牌的前景不容乐观。

专业性

导购品类的专业性体现在为顾客提供高质量的信息、丰富有用

的细节，甚至根据对顾客的准确理解做到千人千面，实现精准导购，让顾客的选择和决策变得更加容易。专业性和权威性看似有相通的地方，但并不是一回事。例如《财富》500强榜单虽然因为中立性和历史形成的影响力而具备权威性，但它的评价标准已经过时，专业性严重下降，一个强有力的证据就是按照它的评价标准，在京东进了500强时，阿里、腾讯竟然还进不了500强。

专业性和全面性在运营上存在一定冲突。全面性要求导购品类涵盖更多的产品信息种类，而专业性则要求导购品类对相关产品信息进行更深入的采集和加工。在资源有限条件下，厚此必然薄彼。正是这种资源约束，阻止了综合导购品类"一统天下"，从而容纳了更多导购品类的差异化竞争。

搜索引擎虽然将全面性做到了极致，但很难对海量的信息进行更加专业化的鉴别和处理。且不考虑虚假信息的问题，光是那动辄数十万条的搜索结果，就需要顾客自行综合判断，顾客的选择困难症并没有完全解决。因此品类分化不可避免，垂直导购品类将以其专业性获得应有的生存空间。

于是，大众点评这样的餐饮导购品牌便应运而生，它在餐饮导购领域就比百度专业得多，但在专业性上仍然大有潜力可挖，比如它还没有充分利用互联网提供的个性化导购能力。餐饮导购不能仅止于餐厅分级和推荐，也不能仅止于列出热门菜品；互联网使餐饮导购有可能做到自动根据会员用户信息和消费场景（会餐目的、人数、预算等）来推荐餐厅和菜单，解决顾客在餐饮消费中遇到的各种选择困难。

虽然做到个性化导购很难，但这是提升导购品类专业性的正确方向。在正确方向上迈出的每一小步，都代表着专用配称和竞争壁垒的提升。足够专业的导购品牌，不仅可以向商家收取广告费，还可以向用户收取个性化导购服务费。我做过一些调查，很多人都说如果大众点评能够解决点单难题，他们愿意为点单服务付费。

导购品牌与渠道品牌的博弈

第16章讲到产品品牌和渠道品牌存在分工与合作的博弈，其实渠道品牌和导购品牌之间也存在分工与合作的博弈。典型的局面是，渠道品牌担心越来越多的流量来自导购品牌，最终自己会沦为仓储配送中心；导购品牌也担心渠道品牌拒绝自己的导购流量，使自己丧失变现能力。

这种相互担心和不信任，往往会导致过度竞争和资源浪费。当顾客在各大电商平台的选择越来越困难时，蘑菇街、美丽说、折800、返利网等导购社区或导购工具应运而生。在这些导购品牌风生水起时，淘宝基于上述担心做出了禁止导购流量"入淘"的决策，迫使许多导购品牌转型为渠道品牌，成为淘宝的永久竞争者，然而这些导购品牌在转型过程中也付出了巨大代价。

也有导购品牌基于担心或贪心转型为渠道品牌的，这种做法是一个隐蔽的战略陷阱。当初大众点评看着美团外卖高速增长，就也开始做外卖业务。由于大众点评是餐饮导购的领导品牌，所以流量充足，做外卖初期的业务量增长很快，这就会激励企业加大投入，越陷越深，在导购业务上反而投入不足。

2015年我首次发表了"品类三界论"，当时我推断大众点评"选择了弃长用短的下策，要想成功只能祈祷美团主动放弃这块业务"，结果不到一年，大众点评就因陷入亏损泥潭被迫和美团合并，大众点评创始人也因此出局。

因此，渠道品牌和导购品牌都应当明白自己最有效率的专业分工边界，不断加强自己在分工中的地位，并运用自己的地位维护一个良性竞争的格局。淘宝不需要封杀导购品牌的流量入淘，可以设法保持各个导购品牌的均衡；大众点评也不需要去做外卖，可以设法保持各个外卖品牌的均衡；另外还可以通过投资参股来稳定分工合作。

导购品牌主动转型为渠道品牌，则是风险极大的战略。因为从只处理信息，到处理复杂的供应链，两者需要的资源、能力，甚至企业文化都不一样，很少有企业家具备应付自如的能力。在转型过程中，导购品牌因为开始卖产品，必然会失去其中立地位，削弱自身的权威性；同时因为资源投入方向改变，导购品牌的专业性也将受到影响；如果转向的渠道品类竞争激烈，则很容易两头落空，追二兔不可得一兔。

我观察到的导购品牌在转型渠道品牌时大多不太顺利，甚至遭遇彻底失败。

••• 本章小结 •••

导购品类是品类三界中最后发育的品类，在互联网兴起后，导购品类迎来了品类大爆发。导购品类集中于处理信息，为顾客降低选择过程的信息费用，由此可以识别出导购品类三大特性是：权威性、全面性、专业性。由于成本约束，全面性和专业性难以同时做到极致，因此导购品类也在不断分化。

渠道品牌和导购品牌存在分工与合作上的博弈，各自应当守住专业分工的效率边界，提升自己的竞争地位并塑造良性的竞争与合作格局。导购品牌转型渠道品牌是一个隐蔽的战略陷阱，很容易失败。

第 18 章

品牌战略五阶段（上）

本章开始学习品牌生命周期会经历哪些阶段，不同阶段应当做哪些不同的事情，从而将品牌生命周期的价值最大化。

品牌战略五阶段概述

品牌从无到有，再到主导某个品类或占据某个定位，最后随着品类或定位一同衰落，这个生命周期可以划分为五个阶段：原点期、扩张期、进攻期、防御期、撤退期（见图18-1）。

图 18-1　品牌战略五阶段图

原点期通过低成本试错，让经营者获得创建新品牌所需的认知成果；扩张期则将认知成果快速兑现为第一波商业成果，但要避免与领导品牌直接竞争；进攻期则向领导品牌发起进攻，扩大商业成果；防御期则是在占据定位后，抵御后来者的进攻；撤退期则是面对品类或定位的衰退，理性收缩，最大化品牌生命周期的现金流折现价值。

本章重点讲解品牌战略原点期，这是品牌战略最脆弱、最不确定的一个时期。

品牌战略原点期的特征

品牌战略原点期是品牌初创但尚未进入顾客心智的阶段，本阶段的核心特征是品牌战略中充满了未经商业验证的假设，这些假设如下：

首先，通过研究顾客需求、品类分化、竞争格局所发现的品类和定位机会，是否是真实的机会？即使是大咖之言，如果未经商业验证，也只能当作相对靠谱的假设。比如，有餐饮创业者向定位大咖们求教，自己的品牌应该选择"西安小吃"还是"肉夹馍"品类，大咖们也达不成共识，需要用"A/B测试法"验证哪个品类的获客效率更高。

其次，品牌所能获取的资源及能力支持，是否足以抓住该机会？ 低估业务难度和所需投入是企业很容易犯的错误。很多时候由于资源、能力不足，新品牌测试出来的机会往往被大企业用资源优势收割了。比如"营养早餐奶"就是一个小企业试出来的机会，但娃哈哈公司发现该机会后，用其渠道和资源的压倒性优势推出了"营养快线"品牌，后来居上。

最后，所要捕捉的机会与企业家的价值观是否一致，这会影响企业家的潜能发挥和长期承诺。 比如，随着游戏对学生的影响越来越大，盛大网络创始人陈天桥越来越怀疑其事业的社会价值，最后差不多改行做教育投资了，盛大在游戏领域的地位则相继被网易、腾讯超越。

因此，品牌战略原点期面临着"**竞争可做、资源能做、内心想做**"的艰难探索和选择，这也正是企业家才能发挥作用的地方。企业家才能是企业家独一无二的个人经历及社会关系的产物，难以复制，正确的理论指导可以成倍放大企业家才能的价值。

品牌战略原点期与精益创业

由于原点期的品牌战略充满了假设，需要逐一验证，修正错误假设，提出新的假设，因此原点期也可以叫作"试错期""验证期"。 如果缺乏有效的理论指导，原点期将成为资源浪费最大、挫折感最强的一个阶段。

在科学实验中，为了验证一个假设，能够用试管、烧杯验证的，决不会建一套工业装置来验证。但在商业领域，很多企业却没有这种意识，有的是因为财大气粗，有的是因为过去的成功而自信心爆棚，因此不愿意小打小闹的试错，甚至没意识到还需要试错。

比如顺丰推出的"嘿客"门店，在没有经过充分试错就高速扩张，结果开出近千家门店后顺丰才发现此商业模式不成立。有报道说"顺丰嘿客替O2O从业者交了10亿元学费"。我在十多年的投资和观察中发现，**商业中的最大浪费，就是过早放大未经验证的商业模型。**

两大关键假设的验证

精益创业把科学的实验方法论引入了商业领域，数量级地提高了创业和创新的效率。企业"高举高打"地失败一次，很可能会因为损失过大而丧失继续尝试的意愿和能力，错过真正的机会；但是若采用精益创业方法，同样的资源也许足够尝试 10 次。精益创业者能通过科学试错实现认知的快速进步，在资源耗光之前获得创建新业务所必需的关键认知。

这些关键认知是什么呢？第一是价值假设的验证，第二是增长假设的验证。价值假设包括：哪些顾客需要你设想的产品？产品的差异化价值应当是什么？有多少顾客需要？付费意愿有多强？增长假设包括：新增顾客或新增销售用什么方式获取？获取成本是多大？顾客终生价值是多少？**大致上，价值假设可以看作定位假设，增长假设可以看作配称假设。**

在美国企业家埃里克·莱斯所著的《精益创业》一书中提到，精益创业的核心理念是 MVP，即"最小化可行产品"（Minimum Viable Product），如今 MVP 验证法被创业者们广泛采用。原著中有一个精彩案例是关于印度乡村洗衣服务公司（以下简称 VLS 公司）的，该案例是关于宝洁公司负责汰渍和潘婷在印度和东盟地区销售的区域经理阿克沙的故事。由于印度只有不到 7% 的家庭拥有洗衣机，多数人要么自己洗，要么交给洗衣工洗。洗衣工会拿走衣服到附近河边洗涤、晾干再送回给顾客，但是拿回衣服经常要等 10 天之久，而且还可能洗得不干净。因此，阿克沙认为这里存在很大的商业机会，于是他加入了美国创新洞见公司投资创建的 VLS 公司。

阿克沙并没有先招人，建洗衣工厂，开收衣门店，而是把一台家用洗衣机安装在小货车后面，然后开到不同的街角停放收衣，以测试人们是否会接受服务。结果只花了不到8000美元就完成了价值假设和增长假设的验证：

消费者喜欢快捷洗衣服务，如果能在4小时内取回衣服，顾客甚至愿意支付双倍价格；阿克沙还发现，当把小货车停在当地小型连锁市场门口时，收洗衣服的效率最高。于是他根据这些认知成果，开发了小型流动洗衣摊点，由此VLS公司实现了爆炸性成长。

验证增长假设需要检验三种增长引擎对于新业务的不同效率，这三种增长引擎包括：黏着式增长——让老顾客购买更多，付费式增长——花钱获得新顾客，病毒式增长——让老顾客带来新顾客。验证增长假设的一个重要指标是"**顾客终生价值/获客成本**"，这个比值越大越好，至少要在3以上，增长假设才算得到验证。

由于篇幅有限，不能继续展开，但可以提炼出两个核心指导原则，帮助你快速把握精益创业的精髓。

降低验证成本的两大原则

第一原则：认知成果重于商业成果，拒绝虚荣指标。

由于原点期的核心任务是通过试错获取关键认知成果，认知成果不是商业规模,所以这个阶段不应当追求用户数量、收入规模、增长率等"**虚荣指标**",否则就会过早放大未经验证的商业模式,并且在完成关键假设的验证之前应保持低调,因此这个阶段的品牌传播应当依靠公关而非广告。

不仅因为公关可信度更高,更重要的是公关信息会被原点顾客主动关注,非原点顾客则会自动忽略,这就减少了非原点顾客过早进入从而滋生负面口碑的风险。此外,领导品牌也会将新品牌大规模投放广告视为重大预警信号,可能会提早介入市场并复制或打压你的创新。

速递易开创了"智能收件柜"这个新品类,但要获得成功,需要大量认知成果的支持:向谁收费?月租还是按次付费?费率多高?硬件是否足够优化?柜子投放在哪里?与物业怎么合作……但速递易还没获得这些关键认知就开始了跑马圈地,扩张到几万个小区,结果持续巨亏,并且过早吸引了顺丰等巨头进入该领域,用免费方式与其激烈竞争,最后速递易为了生存只得低价"卖身"。

第二原则:降低固定成本,宁愿承受较高变动成本。

由于原点期的品牌战略充满了假设,随时可能调整方向,所以企业不应当为降低变动成本而做大量的固定投入,否则方向一变这些固定投入就会作废;同时也不要过早建立角色齐全的豪华团队，因为豪华团队会推高固定成本，而且豪华团队的机会成本特别高，会在无意中鼓励急于求成、大干快上。因此原点期应当建立尽可能小的团队，一把手必须亲临一线获取一手信息。

当办公室无人货架在"风口"上时，许多创业者都在跑马圈地，圈地越多固定成本越高，亏损也就越大，导致资本对整个赛道失去信心。曾经有位创业者在危难之际找我咨询，我建议他大幅裁员，同时将业务收缩到一个城区内进行小规模试错；先不建供应链，而是从超市采购，快速测试不同选品策略对销售的影响。不到一个月，该企业的办公室无人货架日均销售额就提升了5倍。虽然这位创业者验证了价值假设，但融资已经烧光，在资本寒冬中未能及时融到资金，只能黯然收场，还欠下了大量个人债务。

品牌战略原点期与定位理论

精益创业理论能够帮助创业者低成本快速试错；定位理论则有助于建立相对可靠的假设，排除明显错误的假设，大幅度减小试错范围，从而提高创业效率。

克服新品类的初认知挑战

如果新品牌开创了一个新品类，那么，新品牌一起步就是这个新品类的代表，但这只是物理战场上的代表，还不是心智战场上的代表。由于新品牌暂时是新品类中的唯一品牌，顾客选择了新品类也就选择了新品牌，因此，**新品牌的关键任务就是代言新品类，克服新品类的初认知挑战，让顾客接受新品类。**

开创新品类的首个任务，就是为新品类恰当命名。同一个新品类，好名字和坏名字可以有天壤之别，比如"植物黄油"与"人造黄油"，"奇异果"与"中国鹅莓"。"品类命名八字诀"的第一条就是"有根"，即借助老品类或抽象品类帮助顾客理解、接受新品类。好的新品类名可以直白地反映新品类的核心价值，有效克服新品类的初认知挑战，比如"智能手机""互联网电视机"。

新品牌代言新品类时，应当宣扬新品类的首要物理特性，而不宜采用市场特性作为新品牌的定位，比如宣称自己是新品类的开创者、领导者。因为顾客对新品类的知晓度和信任度很低，如果一个自称新品类开创者或领导者的品牌都让顾客感到陌生，就会加剧顾客的不安全感。例如王老吉很长时间都没有宣传自己是凉茶领导品牌、凉茶始祖，而是通过"怕上火，喝王老吉"来代言凉茶"预防上火"这一首要物理特性。

也许你会问：**如果我的品牌不去抢占开创者、领导者定位，竞争对手去抢占怎么办？**这是个很有深度的好问题。

在新品类内部的竞争品牌出现之前，你应当储备信任状，比如作为开创者的强力证据，作为领导者的权威统计数据。因为**对新品类而言，新品牌代言新品类的首要物理特性，其顾客转化率会高于宣称开创者或领导者等市场特性**，所以只要开创者不犯错误，通常就能保持市场领先。当竞争品牌涌现并对你构成威胁时，说明新品类的顾客接受度已经很高，这时你就可以转而宣称自己是品类领导者或开创者，并依靠储备的信任状压制竞争品牌。

克服新品牌的初认知挑战

不管新品牌是在开创新品类，还是在既有品类中抢占空白定位，都面临着新品牌的初认知挑战。**优秀的品牌名有助于克服新品牌的初认知挑战**，像农夫山泉、百果园、周黑鸭这样的好名字，一看就像专家品牌，而且好名字通常给人的感觉是大品牌、老品牌。原因在于，好名字都被先行者注册了，后来者通常只能退而求其次。在这个事实的长期作用下，顾客最终形成了一个经验性常识：坏名字大多是新品牌或小品牌。

在品牌战略原点期，要有明确的原点市场意识。原点市场是一个比较抽象的概念，需要展开为原点顾客、原点区域和原点渠道三个维度才容易理解。

原点顾客是新品牌的精准顾客，对新品牌所主张的差异化价值最为看重，有助于产生正面口碑，并且最能忍受新品牌的不

完善，有助于避免负面口碑。原点顾客最好选择高势能顾客，因为他们的选择可以作为影响其他顾客的信任状。对于消费品牌而言，中产家庭、白领人群、年轻人群、重度用户是常见的高势能人群。对于 B2B 品牌而言，行业领先企业通常是高势能顾客，是 B2B 品牌最常用的信任状之一，比如"30 家 500 强企业使用×××员工保健服务"。

原点区域是原点顾客较多的地区，也可以是竞争较不激烈的地区，因而是新品牌成长的良好土壤。原点区域的选择和原点顾客的选择标准有类似之处，就是要有助于打造信任状。对于与生活方式相关的产品品类，经济发达地区通常是较好的原点区域；对渠道品牌而言，能快速做大销量的地区通常是较好的原点区域，因此渠道品牌有不少"农村包围城市"的成功案例。

聚焦原点区域，可以最快打造出区域领先的信任状。比如，木屋烧烤最初的 30 家门店都开在深圳，这就比 30 家门店散布在全国有利，因为集中在深圳的 30 家门店成了"深圳第一烧烤品牌"的信任状。

原点渠道是能够精准到达原点顾客的渠道，这样就能够降低获客成本，获得高质量的数据反馈，加快品牌的定位校准和产品完善。原点渠道也是顾客能自行验证的信任状的一部分，能帮助新品牌获得顾客信任。顾客初次见到新品牌时，容易按"物以类聚"的方式来认知新品牌，如果新品牌初次亮相在杂货店等低端渠道，顾客就很难认为这是个高端品牌。

所以，奈雪的茶每进入一个新城市时，会首先在当地最好的购物中心开第一家门店。当品牌定位深入人心后再进入其他渠道，就不会伤害到品牌定位，比如可口可乐、农夫山泉现在杂货店也有卖。

降低潜在顾客进入门槛

由于潜在顾客对新品牌充满疑虑，所以新品牌要在配称上设法降低潜在顾客的进入门槛。

打造代表品项，简化顾客选择，有助于降低顾客进入门槛。"品项"这个概念源自零售业，和源自零售业的"品类"概念一样，具备企业自定义特点。定位理论将"品类"概念按顾客的认知做了重新定义，因此"品项"概念也需要重新定义为：品项是构成同一品类的不同产品，其不同体现在颜色、尺寸、材质、口味、配置、包装等方面。有些品类是天生多品项的，比如衬衫、西裤、鞋子，任何品牌都不可能只卖一种尺码。

品项和品类之间的界限是模糊、可变的。比如麦当劳和肯德基，都是西式快餐店，其中的多种食物可以看作一顿快餐的多道菜，即这些不同食物可以看作快餐店的不同品项；但其中不少品项比如汉堡、鸡翅、可乐、冰淇淋也可以在便利店等渠道中作为不同品类出售。

代表品项是用于支撑品牌差异化认知的品项。比如肯德基和麦当劳的主要品项几乎相同,都有汉堡、炸鸡、薯条、可乐、冰淇淋等,但麦当劳的代表品项是汉堡,肯德基的代表品项是炸鸡,因而品牌传播焦点互不相同。代表品项在餐厅里通常被称为"招牌菜"。

处于原点期的品牌,需要精简品项,并打造鲜明的代表品项,以简化顾客的选择。由于顾客对新品牌本就心存疑虑,好不容易选择了新品牌,如果还要在新品牌的众多品项中选择,就可能导致选择困难症发作,从而放弃选择。代表品项应当具备良好的视觉识别,而且最好能用语言描述这种视觉识别,比如"一个对钩""金黄色 M 字母""红色的鞋底""系围巾的企鹅"等。VI 设计理论、"视觉锤""超级符号"等理论对于打造代表品项都有所帮助。

苹果公司在乔布斯时代,iPhone、iPad 等新品牌推出时品项极少,代表品项非常突出,不给顾客太多选择,顾客的满意度反而更高,因为顾客不用担心自己没能做出最佳选择。但苹果公司在进入库克时代后,推出的第一个重量级新品类就是智能手表,其中有几十个品项,价格也从几百美元到几万美元不等,给顾客制造了巨大的选择难题:买便宜品项担心没面子,买高价品项担心做冤大头,因而 Apple Watch 的销量不如预期。

降低价格也能降低潜在顾客进入门槛,但价格是配称的关键

组成部分，不能随意调整；除非品牌定位就是高性价比，否则不宜用低价作为降低进入门槛的方法。这个问题看似是个死结，但实践发明了不少有效办法，比如试用装、小包装、入门版本。有个做山茶油的新品牌，开始推出的品项是 5 升装，几乎卖不动；后来改成 0.5 升装，销量就大幅上升。顾客接受新品类或新品牌也是一次试错，也要降低试错成本，经济学的效率逻辑无处不在。

最后，还有一种有效的方式，就是**新品牌带着信任状出场**。比如，品牌创始人自己是名人，或得到名人及知名企业背书，或有重大发明创新等，这样的品牌一出场就容易被潜在顾客接受。但是，由于不是所有新品牌都有这种幸运的起点，所以这只是一种可能的方式。

▪▪▪ 本章小结 ▪▪▪

品牌战略可以分为五个阶段：原点期、扩张期、进攻期、防御期、撤退期。原点期是关键商业假设的验证阶段，在这个阶段认知成果重于商业成果，要推迟固定成本投入，并在定位理论指导下，克服初认知挑战，同时降低潜在顾客的进入门槛。

第 19 章

品牌战略五阶段（中）

本章学习品牌战略五阶段的扩张期和进攻期这两个阶段。

扩张期

扩张期的开始

原点期结束后，品牌就进入了扩张期。原点期可长可短，取决于认知成果的积累程度。如果创业团队驾轻就熟，例如离开僵化的大企业带着原班人马做原本就在做的产品，则原点期有可能缩短到忽略不计。但正常情况下，新品牌都要寻求差异化定位，做差异化产品，因而需要经历原点期的验证。

大量顾客主动找上门，是新品牌启动扩张期的重要信号。如果此时不尽快扩张去满足这些顾客的需求，这些顾客就会成为竞争者成长的机会。Facebook 在哈佛大学推出后倍受欢迎，其他大学的学生知道后，主动找上门来请求 Facebook 开通到他们的校园。这时 Facebook 及时启动了在高校中的扩张，在高校扩张完成后，又快速向高校以外的市场扩张，直到成为全球最大的社交媒体。

扩张期的经营要点

扩张期的第一个要点是，在无争地带扩张。

扩张期的核心任务就是把原点期获得的认知成果兑现为第一波商业成果，以扩大业务规模，升级信任状，获得现金流、利润和投资，逐渐积累起挑战领导品牌的综合实力。

由于原点期验证了原点顾客未被有效满足的真实需求，也验证了新品牌触达和转化原点顾客的有效方式，所以扩张期的基本策略就是扩大、复制原点市场，即进入更多区域和渠道，加大公关力度，局部投放广告，从而快速转化原点顾客。

刚走出原点期的新品牌还没有足够实力去争夺领导品牌的核

心顾客，因此**新品牌在扩张期应当避免和领导品牌正面竞争**。要想避免和领导品牌正面竞争，新品牌需要主动寻找和开拓领导品牌力量薄弱甚至空白的新区域、新渠道、新媒介，特别是开创新品类的新品牌，很多时候只能在新渠道才能站稳脚跟。

20世纪50年代，索尼公司率先在美国推出了晶体管收音机，一开始索尼试图进入电子管收音机的主流渠道——百货商场，但处处碰壁。从百货商场的利益来看，每卖一台便宜的晶体管收音机，就会少卖一台昂贵的电子管收音机，而且还失去了更换电子管的后续收入。最终，索尼找到了沃尔玛、塔吉特这类当时正在兴起的折扣超市，因为昂贵而专业的电子管收音机不会进入这些超市，于是索尼晶体管收音机在超市渠道大获成功。

我自己亲身经历的一个例子是在苏宁电器门店选购电视机。当我咨询货架上的新产品投影电视时，导购员就说投影电视亮度不够而且不耐用，劝我买液晶电视更保险。我一看价格，屏幕尺寸相当的液晶电视比投影电视贵了七八倍，我立即明白这是便宜的新品类进入老渠道的"正常"待遇。

这样的案例还有很多。本田在美国推出轻便型摩托车时，销售重型摩托车的传统渠道也不愿意销售便宜的本田摩托车，最终本田摩托车进入了过去不卖摩托车的体育用品商店，才大获成功。小米手机率先采用互联网直销，周黑鸭率先进入机场和高铁站开店，拼多多避开淘宝利用微信扩张，都获得了快速成长。

有时一个热门新品类有多个新品牌进入了扩张期，这时仍然需要优先在无争地带扩张，避免提前决战，否则就可能鹬蚌相争，渔翁得利。当摩拜单车与ofo单车在一线城市进行补贴大战时，哈罗单车在二三线城市低调扩张，结果后来居上，成为最后的胜利者。美团进入外卖领域时也是优先在二三线城市扩张，很快订单量就超越了先行几年的饿了么。

扩张期的第二个要点是，有序扩张，升级信任状。

新品牌要有序扩张，这样才有利于信任状的打造和升级。比如在顾客熟知的区域划分中有序扩张，获得在某个城市领先的信任状，然后依次获得某省领先，某个大区领先，全国领先；全球领先等信任状；也可以在另一个维度有序扩张，依次获得淘宝领先、全网领先、线上线下综合领先等信任状。

在扩张期，随着销量或用户的快速增长，新品牌的市场表现不断提升，这时新品牌的定位可以根据竞争需要，调整为"受青睐"或者"热销"，并随时准备在某个口径的销量超越领导品牌时，宣布自己成为新的领导品牌。比如当王老吉的销量超过了可口可乐铝罐品项在中国市场上的销量时，王老吉就及时宣传自己成为"中国饮料第一罐"，虽然可口可乐的PET瓶装品项销量更大。

扩张期的第三个要点是，大力传播热销信息。

新品牌在扩张期的传播，除了宣传品牌差异化定位的价值，还要通过比原点期更大的公关投入传播新品牌热销的信息，以引起更多媒体关注和顾客谈论。这样一来，老顾客就会因为新品牌的热销而觉得自己独具慧眼，更愿意成为义务宣传员；新品牌的热销还有利于吸引更多利益相关者的支持，比如供应商、经销商、投资者和人才。

扩张期的新品牌也需要适度投放广告。广告内容除了传播定位信息，还要使用不断升级的热销信任状，比如快速上涨的销量数据，快速增加的门店数量，不断进入新的区域市场等。小米手机在扩张期，就充分利用了公关手段宣传其爆炸性的增长速度，并出版了宣传小米的畅销书《参与感》。华为手机在扩张期的公关主题也是如出一辙。苹果公司在 iPhone 新机首发方面更是制造热销的高手，每次新机首发，媒体都广泛报道果粉们连夜排队购买的盛况。

突破成长瓶颈，维持扩张速度

由于原点期通常采用低固定成本、高变动成本的小规模生产方法，以便快速验证价值假设和增长假设，所以对于规模化生产方法及其生产成本的验证是不充分的。进入扩张期后，生产方法会转向高固定成本、低变动成本方式，以获得规模经济性。

科学界有句名言：More is different——多就是不同。所以扩张期也会有扩张期的挑战需要应对，而且只有在扩张期才能解决扩张期的挑战，因为只有在真实面对规模扩张后的问题时才会有真实的解决办法，事前的计划都是假设，只能在付诸实施后才能验证和改进。

扩张期的新品牌通常会面临三大挑战：供应瓶颈、管理瓶颈、资金瓶颈。

面对供应的瓶颈，品牌需要控制好扩张速度，给供应链足够的调适时间，否则就可能出现品质控制、交付时效等问题，产生负面口碑。锤子手机、褚橙都遭遇过供应瓶颈带来的严重影响。像褚橙这种存在季节性供应难题的品牌，可能就需要通过调整定位来消除供应瓶颈。因为在普通顾客心智中，橙子品类并未完全分化，所以褚橙可以代表高品质橙子，通过严格的品控标准，定制生产不同季节和品种的优质橙子，这样就能突破褚橙只代表冰糖橙且全靠自产的供应瓶颈。

在原点期，由于团队规模很小，CEO还亲临一线，所以基本不存在管理问题。但进入扩张期，随着业务增长和人员增加，CEO已经不可能指挥到每个人，于是出现了中间层。中间层的出现意味着真正的管理挑战到来，信息和决策的上传下达会出现不可避免的失真；同时，人员的扩张也使得员工的激励变得更加复杂和多元，对创业团队的愿景激励并不适用于大多数新成员。

面对管理的瓶颈，团队需要实现管理的专业化，引入职业经理人，但这种方法有其局限性，因为管理者也需要被管理，因此解决问题的方法也是问题的一部分。第 11 章"配称与商业模式"指出了通过商业模式变革消除管理瓶颈的一些方法：比如百果园把直营门店卖给员工，把员工变成了加盟的客户；雪王子把货车卖给原来全职雇用的司机，把司机变成了提供配送服务的供应商，这些变革都让品牌突破了管理瓶颈，获得了高速增长。

除了少数现金流很好的品类，大多数扩张期的品牌还会面临资金的瓶颈，因为扩张期需要不断追加投入，新开门店、新建工厂、增加存货、投放广告、扩大员工队伍等都需要资金。在过去，新品牌往往靠自身的资金积累滚动发展，但风险投资业兴起之后，获得风险投资就成了新品牌突破资金瓶颈的重要手段，扩张期的不断增长也成为融资的最大吸引力。

在同一个新品类进入扩张期的几个品牌中，如果其中一个品牌抢先获得了更多风险投资的支持，那么这个品牌就可以推高扩张速度，更有机会成为领导品牌。在互联网时代这个现象变得尤其明显，几乎所有独角兽企业的背后都有风险投资的推动，而且抢先获得大量投资还能减少竞争品牌的融资机会。因此，新一代的创业者必须学会和风险投资打交道，以获得风险资本的支持。

品牌在进入扩张期之后，就必须维持较高的扩张速度，因为一旦增长停顿，就可能引起各种利益相关者的猜疑和观望，甚至墙倒众人推，形成恶性循环。人们喜欢英雄的崛起，但更喜欢神话的破灭。成功品牌的扩张期，大多保持了持续多年 50% 以上的年增长速度。

进攻期

进攻期的特点

当原点顾客转化完毕，品牌继续扩张时，就要和领导品牌正面争夺顾客，这时品牌就步入了进攻期。现实中，新品牌通常不会等到无争地带占领完毕才转入进攻期，领导品牌也不会放任新品牌顺利扩张，通常会在察觉威胁时就开始反击。比如巴奴火锅刚进入扩张期，海底捞就开始了反击。因此扩张期和进攻期之间的界限远比原点期和扩张期之间的界限模糊。

虽然界限模糊，但进攻期和扩张期的策略差异却比较清晰。进攻期要转化领导品牌的顾客，就要对这部分顾客提供比领导品牌更大的价值，所以通常需要对新品牌重新定位并相应调整产品，这种调整所冒的风险，就是有可能得罪原点顾客，而新顾客又不买账。

比如高科技产品需要简化操作并在性能和成本之间进行妥协，以取悦主流顾客。这种取悦未必能成功，却可能被原点顾客视为"走向平庸"。这种风险行动，杰弗里·摩尔称之为"跨越鸿沟"，为此专门写了一本书《跨越鸿沟》；道格拉斯·霍尔特则在《文化战略》一书中称之为"跨越文化鸿沟"，因此从亚文化人群青睐到主流人群接受，也容易被原点顾客视为文化背叛。

江小白通过使用顾客参与创作的走心文案，拨动了文艺青年的心弦，成了年轻人青睐的白酒，但江小白要进一步获取主流市场，就得逐步回归正统，宣传产品本身的品质，这样一来，江小白就会显得不再那么酷了；知乎的大众化和商业化，也被知识精英用户视为一种对精英主义的"背叛"。

但新品牌必须接受挑战，跨越从小众到主流的鸿沟，不然就会成为偏安一隅的小品牌，被动等待领导品牌的打压或封杀。

进攻期的经营要点

进攻期的第一个要点是，攻击领导品牌优势中的固有弱点。

固有弱点是与领导品牌占据的特性相冲突的特性，因为特性冲突，所以难以兼顾。新品牌通过主张与领导品牌的优势相冲突的特性而发起进攻就比较容易成功，因为领导品牌不可能放弃自己的优势来反击，领导品牌之所以成为领导品牌，就是因为它抢占了品类首要特性。

但是，领导品牌的光环会掩盖其固有弱点，所以进攻者需要重新定位领导品牌，并在传播战中让领导品牌的弱点突显出来。重新定位领导品牌必须符合顾客的认知，让顾客认可领导品牌是因为某个优点而成为领导品牌，而不是什么都好才成为领导品牌，明显的特性冲突可以让顾客相信领导品牌难以做到两全其美。

百事可乐被可口可乐打压得几次上门请求收购，可口可乐都没有接受。最终百事可乐找到了"年轻人的可乐"定位，把可口可乐重新定位为"正宗却是父母辈喝的可乐"，并根据年轻人的口味把百事可乐调整得更甜、气更足、量更大，广告代言人也选择年轻人追捧的明星。结果，百事可乐大获成功，一度逼得可口可乐调整配方，但新配方的可口可乐推向市场后，激起了忠实顾客的反对，顾客们要求"还我正宗可乐"，可口可乐只得放弃新配方以守住其最大优势：正宗。经此一战，百事可乐牢牢站稳了可乐第二名的位置。

淘宝的最大优势就是"选择多"，被顾客戏称为"万能的淘宝"，但"选择多"这个优势的固有弱点就是良莠不齐，所以京东诉求"正品行货"，就击中了淘宝优势中的固有弱点，当然阿里也推出了天猫商城进行了有效的防御。

"领导者"和"第二名"也是只能居其一。顾客会期待领导品牌承担一些它承担不了的社会责任，结果就容易形成领导品牌比较傲慢的刻板印象，就像名人不得不拒绝很多邀约而被认为架子大一样。所以艾飞租车的广告"艾飞只是第二，所以排队时间更短"是领导品牌赫兹租车难以反击的；美团打车说"人民需要两个打车软件"，也击中了滴滴的固有弱点，迅速夺取了上海打车市场30%的份额，不过由于种种原因并未持续进攻。

类似的特性冲突还有很多，品牌经营者必须充分掌握，才能对顾客心智地图了若指掌，攻守自如。**通常来说，经典则不时尚，主流则不炫酷，健康则不美味，速效则不持久，强力则不温和，优雅则不阳刚，奢华则不环保，便宜则无好货，领导则不谦卑，等等。**

如果攻击的弱点不是领导品牌优势中的固有弱点，那么领导品牌就很容易消除其弱点，打败进攻者。比如微信的语音短信就有不少缺点：在一些场合不宜播放，在群聊中发语音会浪费众多收听者的时间，如果没听清楚只能从头播放……但这些都不是微信的优势所固有的弱点，微信很容易在新版本中对这些弱点进行完善。因此，攻击微信的非固有弱点是很难成功的，子弹短信等一批社交软件的失败是可以预见的。

领导品牌的价格较高通常不是固有弱点，所以新品牌可以打产品战、渠道战、公关战、广告战，但是尽量避免价格战，除非新品牌通过破坏性创新拥有领导品牌不可抵挡的结构性成本优势，其中的规律可以参考克莱顿·克里斯坦森教授的名著《创新者的窘境》。

进攻期的第二要点是,通过聚焦形成局部资源优势。

在进攻期,新品牌和领导品牌开始短兵相接地竞争,由于新品牌实力弱于领导品牌,因此新品牌不可能产生全面竞争优势,只能通过集中使用资源和人力形成局部优势。所以新品牌要针对领导品牌的部分顾客,改进和完善代表品项,形成部分产品优势;同时选择有限的区域、渠道和媒介形成市场密度、人员服务和传播声量的局部优势,从而不断获得局部胜利,积小胜为大胜。

进攻期的第三要点是,及时传播局部胜利的消息。

新品牌的局部胜利,不仅要通过公关进行宣传,还要通过广告直接宣传,从而树立新品牌势不可挡的声势,吸引更多利益相关者的支持。尤其是在攻击垄断性的领导品牌时,很多利益相关者会担心和新品牌密切合作会被领导品牌报复、"穿小鞋",所以新品牌不但要大力争取盟友,还要用不断的胜利消息来增强盟友的信心。局部胜利不仅包括产品市场上的胜利,也包括资本市场上的胜利,比如获得大笔投资可以增强各方信心。

此外,还需注意的是,进攻期要追求合理的目标。

进攻期的合理目标不一定是取代领导品牌,而是尽可能挤压领导品牌的市场份额,主导一个有价值的定位。 只有经过有效的进攻和防御,才能明确不同定位的疆界,达成竞争均衡,减少不必要的双输竞争行为。

新品牌通过进攻主导一个定位后，最终能否超越领导品牌，更多取决于顾客需求的变迁，所以是不能强求的。如果随着顾客需求的变迁，新品牌主导的特性上升为品类首要特性，那么新品牌就可以超越领导品牌，成为新的领导品牌。

比如在移动互联网不成熟的时期，手机上网又慢又贵内容又少，手机的"智能"特性就不是首要特性，诺基亚主导的"可靠耐用"特性最为重要，iPhone 手机暂时只能做一个炫酷的小众品牌，但随着移动互联网的成熟，智能手机取代了功能手机，就推动 iPhone 成了手机领导品牌。

还有一种情形就是，新品牌开创了或及时进入了一个差异足够大的品类，同期没有强大的竞争品类也没有领导品牌，而且新品牌在扩张期超越了同类竞争品牌，那么当其领先优势足够大时就能成为领导品牌，不需要经历明确的进攻期，比如百果园成为水果连锁店领导品牌，瓜子二手车成为二手车交易领导品牌。这就是里斯先生推崇的"品类战略"：开创并主导一个新品类。

■■■ **本章小结** ■■■

新品牌完成了原点期的关键假设验证，就可

以进入扩张期，迅速转化原点顾客，获得第一波商业成果；扩张期的经营要点是在无争地带扩张，有序扩张并升级信任状以及大力传播热销信息。

在原点顾客转化完毕后，品牌就需要从扩张期转入进攻期，转化领导品牌的部分顾客，获得更大的商业成果；进攻期的经营要点是攻击领导品牌优势中的固有弱点，聚焦产生局部资源优势，并及时传播胜利消息。

第 20 章

品牌战略五阶段（下）

本章阐述品牌战略五阶段的最后两个阶段：防御期和撤退期。

防御期

进入防御期的判断

当新品牌主导了某个定位，就成了某种意义上的领导者，接下来就需要抵御其他品牌对该定位的抢夺或者挤压，这时新品牌就进入了防御期。新品牌主导的定位，既可以是品类也可以是品类的某个特性，如果主导的是品类，则是"品类领导者"；如果主导的是品类的某个特性，则是"特性主导者"。真正的难点在于，怎样才算"主导了某个定位"。

判断一个品牌是否主导了某个定位，需要同时考察心智份额和市场份额的领先程度。

衡量品牌心智份额的常用指标叫作"无提示第一提及率"，就是通过没有特别提示的"自然对话法"（顾客间的真实对话方式），询问顾客"你知道哪些轿车品牌""你知道哪些空调品牌""你知道哪些手机品牌""哪些轿车品牌安全性更好"之类问题时，目标品牌被第一个说出来的顾客比例。

对于手机品类，绝大多数顾客第一个说出的品牌是 iPhone。对于轿车品类，第一个说出奔驰和宝马的顾客比例不相上下，但若问"哪些轿车品牌操控性更好"，则宝马的第一提及率最高；虽然沃尔沃在轿车品类中的第一提及率进不了前三，但若问"哪些轿车品牌安全性更好"，则沃尔沃的第一提及率最高。通过简单的调查我们就可以发现，在顾客心智中，iPhone 是手机品类领导者，轿车品类则没有明显的品类领导者，奔驰、宝马、沃尔沃各自主导了轿车品类的一个特性。

考察市场份额的常用指标有销量份额、收入份额、利润份额。销量统计数据相对准确；利润份额意义最大，但很难获取，因为企业财报一般不公开，即使上市公司财报公开，但也不会单独报告某个品牌在某个品类的利润。据研究估算，iPhone 只占全球智能手机销量份额的 20%，却占全球智能手机利润份额的 92%。

考虑到数据可得性及重要性，收入份额是市场份额的较好代表。收入份额应当按品牌分品类统计，否则就会错误估计品牌的市场份额，比如海尔电器总收入高于格力，但海尔空调收入则远低于格力空调收入。

如果品牌在心智份额和市场份额中都处于主导地位，那么品牌就主导了某个定位。这种主导性体现为绝对市场份额超过 50% 或相对市场份额超过最大竞争品牌的 2 倍，这两个数字不是严格的规定，其实也无从严格规定，仅作参考。

但是，品牌经营者要小心自定义市场范围的陷阱，因为有些品类的市场是全球市场，比如汽车、手机、空调，因此这些产品的经营者要用全球市场来衡量品牌的地位，否则就会做出错误判断，过早开始多元化发展，分散资源，最后无法抵挡全球化品牌的竞争。

有时还会出现心智份额和市场份额严重背离的情形，这时品牌经营者就要高度警惕，这说明竞争格局极不稳定，需要尽快采取行动。例如在橙子品类中，褚橙的心智份额第一而市场份额极低,新奇士则刚好相反。如果新奇士不做改变而褚橙能够消除供应瓶颈,则褚橙就可能全面超越新奇士;如果褚橙解决不了供应瓶颈而新奇士启动品牌传播,则新奇士可能主导橙子品类。

防御期的经营要点

防御期的第一个要点是,加强专用配称,持续创新引领品类及其特性的进化,不断提高竞争壁垒。

iPhone作为智能手机品类领导者,不断推出新一代产品淘汰老一代产品,采用更先进的科技成果,持续改善使用体验,让它的领导地位越来越稳固。吉列作为剃须刀品类领导者,也是不断推出新一代产品淘汰老一代产品,从单刀片、双刀片、三刀片一直到五刀片,牢牢占据领导者位置。Intel和Windows也是不断推出新一代产品淘汰老一代产品,从而长期主导了个人计算机芯片和操作系统,并且两者的升级换代相互促进,形成了强大的Wintel联盟。

沃尔沃是安全轿车特性主导者,所以它不断研发更好的汽车安全技术,发明了一体式车厢、三点式安全带、后向式儿童安全座椅、防侧撞保护系统、头颈部保护系统、盲点信息系统、防追尾系统、行人安全系统等;同时把安全带标志作为自己的车标。通过不断加强专用配称,沃尔沃牢牢占据了"最安全的轿车"定位。

防御期的第二个要点是，如果错过了首发创新的机会，要放下自尊迅速跟进对手的创新。领导者拥有后发制人的特权，只要及时跟进对手的创新，进化产品或推出新品项，那么竞争局面仍然有利于领导者。因为顾客认知短期内很难改变，领导品牌又拥有光环效应，顾客容易相信领导品牌在创新上不会落后于人，除非领导品牌太迟钝，落后太久，否则通常都有机会扳回局面保持领先地位。

比如海信率先推出了变频空调，美的空调迅速跟进，并大力投放广告"买变频，选美的"，最后格力也跟进了，竞争格局仍然回到格力、美的两强主导的局面。海底捞面对巴奴火锅用"产品主义"对"优质服务"的攻击，就采取了在产品上积极跟进的策略，巩固了自己的领导地位。统一方便面推出"老坛酸菜"新品项时，康师傅的跟进就不够及时，更糟的是自尊心作祟，开始跟进时不好意思叫"老坛酸菜"，而叫"陈坛酸菜"，发现顾客不买账后才改为"老坛酸菜"，错过了最佳拦截时机。

防御期的第三个要点是，识别品牌优势中的固有弱点，主动推出新品牌自我攻击。自我攻击胜过由别人来攻击，因为自我攻击的成果仍然属于自己，而且自我攻击可以有效掌控节奏，不像面对第三方攻击时局面常常不可控。用自己的新品牌自我攻击自身品牌的固有弱点，可以有效防御第三方品牌针对自身品牌固有弱点的攻击。

加多宝租用王老吉品牌期间，一个失误就是没有重视王老吉配方中的夏枯草问题，这是王老吉"正宗"优势中的固有弱点。如果别的凉茶品牌针对配方上的弱点发起进攻，王老吉是很难防御的。加多宝并不拥有王老吉品牌，更应当预做准备。

加多宝与王老吉"分手"后，没有正视王老吉是领导者的事实，强抢王老吉的正宗定位，结果顿兵坚城之下。如果加多宝预备了新配方，则可以用"不含夏枯草的新凉茶"进攻王老吉的固有弱点，凉茶大战的结局可能完全不同。

淘宝的优势是选择多，优势中的固有弱点就是良莠不齐。如果阿里巴巴集团更早推出天猫商城主打"正品行货"，则可以更好地防范京东用"正品行货"进行的攻击。当然，天猫商城的推出也不算太晚，起到了很好的防御作用，并且随着顾客需求变迁，天猫甚至有超越淘宝之势。

防御期的第四个要点是，维护和做大品类，或者努力将主导的特性品类化。

品牌依附于品类而存在，品类强，品牌才能强，因此品类领导者要维护品类、做大品类。比如，推动建设品类的国家标准可以提高竞争门槛，提升品类中竞争参与者的素质，减少小品牌频发质量丑闻而连累整个品类的风险。

百果园推动水果分级国家标准建设，周黑鸭推动湖北省熟卤食品标准建设，都是在提前防范和化解品类可能面临的质量风险。王老吉将凉茶申遗，让其凉茶成为国家非物质文化遗产，其配方就可以免于一般的安全性质疑，降低夏枯草带来的潜在风险。

特别强大的品类领导者，可以适当地隐藏品牌推品类。隐藏品牌推品类，会大幅提高传播的可信性，提升品类需求。"钻石恒久远，一颗永流传"的广告，许多顾客并不知道是戴比尔斯做的，但是只要激发了顾客对钻石的需求，戴比尔斯就是最大的受益者，因为它拥有全球 70% 的钻石矿源。

榨菜是中国很多地方都生产的一种腌制蔬菜，其产地本来只是一种特性，而且曾经浙江榨菜的产销量大于涪陵榨菜，但由于乌江牌榨菜的大力推广，现在"涪陵榨菜"差不多成了地标性品类，代表着正宗产地的榨菜，这就让其他地区的榨菜品牌很难挑战乌江牌榨菜的领导地位。

去屑洗发水本来也只是一种特性，但跟进这个特性的品牌越来越多，采乐、康王、清扬等新品牌从不同角度发起了进攻，连飘柔都开始诉求"活性炭去屑"，这对已经主导"柔顺"特性的飘柔来说不是个好战略，却也佐证了去屑洗发水特性的重要性，因此这一特性有很大机会能够品类化。

海飞丝作为去屑洗发水特性主导者，应当顺势推动其品类化，因此在传播中不能省略"去屑洗发水"这个完整提法，而且可以考虑推动简称"去屑水"的使用，因为名字越短越容易品类化；此外，还要引领去屑特性相关的技术和产品创新，在代表品项上与其他特性的洗发水明显区隔，以加快认知隔离的形成。

不管是维护和做大品类，还是将特性品类化，都需要包容有序的竞争，不能将竞争对手赶尽杀绝。因为良性的竞争会促进创新，提升顾客价值和谈论价值，否则品类关注度就会下降，导致品类增长放缓或者变成弱势品类；缺乏竞争品牌的跟进，特性也很难实现品类化，只有足够多竞争品牌的跟进，才能让这个特性变得足够重要，成为新品类的首要特性。

缺乏竞争压力的领导品牌很容易骄傲自满，对顾客需求变化不再敏感，也容易滥用领导地位，变成千夫所指的垄断者。当然，包容竞争的前提是不要危及自身领导地位，对于危险的进攻者，必须进行有力反击，这是市场竞争的应有之义。

撤退期

撤退期的识别

技术进步、需求变迁等力量不断催生出新的品类，在新品类的竞争之下，任何品类最终都会衰退甚至消亡，或者品类不断分化最终变成抽象品类，导致对接需求的能力大幅下降。品类衰退意味着新品类更好地满足了顾客需求，衰退品类内部的许多差异化就变得没有意义，也就是说，老品类中某些定位的价值会随着品类衰退而消减。

即使品类没有衰退，技术进步也可能使得品类领导品牌能够低成本改善许多特性，这些能被领导品牌低成本覆盖的特性就很难持续成为有效的差异化。比如笔记本电脑的运行速度、硬盘容量，很快就超过绝大多数用户的实际需要，笔记本电脑品牌很难靠这些特性进行差异化竞争。

预见到品类不可阻挡的衰退或定位价值不可避免的消减，品牌就需要及时从防御期转为撤退期。选择有计划的主动撤退，可以最大化品牌生命周期的现金流折现价值，并确保资源及时有效地转移到新的机会上去，实现企业战略的主动求变，而不是等到大难临头被动求生。这也是为什么不将这个阶段命名为"衰退期"而是命名为"撤退期"的原因。

撤退期的经营要点

撤退期的第一个要点是，减少品项，降低成本，避免加剧性能过剩的研发。

数码相机、拍照手机等品类兴起后，胶卷、胶卷相机、纸质照片、冲印服务的衰落就成了不可阻挡的趋势。柯达推出快捷冲印服务、网络冲印服务来阻挡品类兴替的步伐，就是徒劳之举，只会浪费资源和时机。数码照相技术本来是柯达发明的，却被柯达"雪藏"多年，没有用于推出新品类和新品牌进行自我攻击，最后变成被别人的品牌攻击，疲于应付。

在撤退期，由于顾客需求逐渐减少，之前用于满足各种个性化需求的长尾品项就会逐渐失去规模经济性，这时的正确做法应当是重点满足核心顾客的需求，持续完善核心品项，有序淘汰那些需求逐渐减少的长尾品项。

但现实中企业的做法往往相反，因为过去的成功和强大的新品项研发体系是相辅相成的，这种研发的强大主要源于对自己主导的定位的理解，因此在该定位的需求减少时，企业会本能地依靠强大的研发体系研发更多同类新品项来挽回需求，结果加剧了资源和时机的浪费。

撤退期的品牌也不是完全不做研发投入，有限的研发投入应当用于满足贡献度最高的核心顾客的需求，也就是《创新者的窘境》里所说的"右上角迁移"。比如数码相机一开始只能满足低像素要求的业余拍照，柯达胶卷业务就应该转为面向对成像质量要求较高的专业摄影市场，比如医用胶片。当然，数码照相性能改善速度很快，在像素上彻底超越胶卷只是时间问题，因此"右上角迁移"只是有序撤退过程的一部分。

撤退期的第二个要点是，及时进入新兴品类，并且启用新品牌。这是企业生存的根本解决之道，这已经不属于品牌战略，属于企业战略，但企业战略和品牌战略本就不可割裂看待。选择进入新兴品类，通常应当优先考虑那些正在取代自己现有业务的品类，正所谓"打不过，就加入"。

面对数码摄影这种破坏性创新的相关品类崛起，胶卷摄影相关品类的衰退是不可阻挡的，胶卷和传统相机企业必须早谋出路，而不是企图施展回天之力。柯达最应当做的是主动进入数码摄影相关品类，甚至包括进入拍照手机领域。富士公司依托在胶卷生产中积累的技术能力，启用新品牌进入制药和化妆品领域，也是比较成功的战略。

美团虽然赢得了"千团大战"，但因为团购不是主流和常态的销售方式，很快美团就面临着团购品类自身的衰退威胁，但美团依靠团购大战中建立的强大运营能力，及时进入新兴的互联网外卖渠道品类，迅速超越"饿了么"成为互联网外卖这个渠道品类的领导者。

品类次要特性的衰退通常早于品类的衰退，因此对于占据品类次要特性的品牌来说，一个重要的撤退方式就是将自己出售给领导品牌所属企业。在品类衰退期，顾客对该品类的差异化需求会减弱，品类集中度通常会提高，因此占据次要特性的品牌可以通过出售来加速撤退，主动顺应和利用品类集中度提高的趋势。

最后，**企业应避免进入正在衰退的品类去打造新品牌**。孔子说"危邦不入，乱邦不居"，这个智慧也适用于企业战略，除非能像戴森一样做出无叶风扇这样的颠覆性创新，分化出电风扇新品类去取代衰退中的传统电风扇品类。小米、华为相继进军销量已经见顶的笔记本电脑品类，在企业战略上属于"疑问手"，因为衰退品类没有足够的无争地带可供新品牌扩张，直接和领导品牌争夺存量市场的竞争会无比残酷，通常会因为缺乏利润而成为资本绞肉机。

总之，**企业要做趋势的推手而不是趋势的对手**，品牌战略的撤退期不应当成为企业的衰退期。那些"输给时代"却觉得自己"并没做错什么"的企业，犯下的共同错误就是在一劳永逸的幻想中做了趋势的对手而不是推手。

▪▪▪ 本章小结 ▪▪▪

品牌通过进攻主导了一个定位后，就进入了防御期，开始抵御后来者的进攻。防御期有四个经营要点：①加强专用配称，引领创新提升竞争壁垒；②如果对手先做出了创新，要放下自尊果断跟进；③主动推出新品牌攻击自己优势中的固有弱点；④维护和做大品类，或者将主导的特性品类化。

当预见到品类的衰落或定位的价值消减不可阻挡时，品牌就进入了撤退期，主动撤退的目的是最大化品牌生命周期的现金流折现价值。撤退期有两个经营要点：①减少品项、降低成本、控制研发投入和方向；②及时进入新品类，并启用新品牌。至此，品牌战略五阶段学习完毕。

第 21 章

战略的聚焦法则

聚焦的含义

聚焦概念源于物理学,其本义是用镜片把光线汇聚到焦点上,能在焦点上产生极高的亮度和温度,我们大概都做过用放大镜聚焦阳光点燃火柴的实验。除了汇聚光线、射线或声波,还可以把压力汇聚到一个点上,这也是一种聚焦,让我们能够把图钉轻松地摁进木板。

物理聚焦会产生显著的物理效应,这启发了众多商业理论家,他们发现商业聚焦也能产生显著的商业效应。类比可以启发新思想，但不能纯用类比构建理论。因为物理学中的聚焦，汇聚的对象、方式、焦点都有明确定义。而商业中的聚焦，汇聚什么对象？如何汇聚？焦点是什么？因此，"聚焦"要想作为一种战略指导原则发挥作用，就必须和特定战略理论相结合，由该战略理论明确定义与聚焦相关的概念。

商业"聚焦"的一般化定义就是：协同使用全部资源以实现单一目标。在该定义中，"汇聚"的对象是"资源"，汇聚的方式是"协同使用"，汇聚的"焦点"是"单一目标"。"资源"的含义比较具体，包括人力、财力、物力、关系、影响力等；"协同使用"则有点抽象，但也不难理解；"目标"则高度抽象，需要在相应的战略理论中将"目标"具体化，才能真正运用聚焦法则。

在"升级定位"理论中，战略分为品牌战略和企业战略两个层面，因此聚焦也有品牌战略和企业战略两个层面的不同含义。下面我们分别论述。

品牌战略的聚焦

品牌战略 = 定位 × 配称，也就是协同使用资源形成一致性配称，去占据一个价值独特的定位。不难发现，定位理论中品牌战略的定义就是用定位语言翻译了聚焦的一般化定义，所以品牌战略自动符合聚焦法则。但还是可以运用聚焦法则分别审视定位和配称，将品牌战略的聚焦分为"认知聚焦"和"运营聚焦"两个不同层面来研究。

认知聚焦

认知聚焦的含义是品牌必须主张一个独特而有价值的定位，并保持信息传达的一致性。 定位就是认知聚焦的焦点，该定位必须基于某个品类，诉求对顾客有意义的某个差异化特性；认知聚焦汇聚的对象则是通过界面级配称明示或暗示的所有信息，这些信息应当一致指向品牌的定位，不能与之冲突，否则就会导致顾客认知混乱，降低顾客认知效率，增加品牌信息费用。

我的一位朋友买了件Skechers（斯凯奇）的T恤，胸前印着一只运动鞋的黑白图案和Skechers的Logo，朋友忍不住发了个朋友圈吐槽"Skechers生怕别人不知道它是做鞋子的"，我回应道"你说对了，Skechers就是生怕顾客不知道它是做鞋子的"。显然，Skechers T恤衫传达的信息与Skechers运动鞋的定位保持了一致性。

运营聚焦

运营聚焦的含义是消除无效或低效的运营活动并加强高效的运营活动，从而提升运营效率。 运营聚焦有"做减法"的含义，"做减法"的目的是释放无效或低效的运营活动所占用的资源，但仅仅释放资源是不够的，还需要充分运用释放出来的资源，去加强高效的运营活动。资源的充分运用，就是在"**焦点**"上"**做加法**"。

由于"二八定律"的广泛性，20%的投入贡献了80%的产出，80%的投入只贡献了20%的产出，所以低效运营活动总是存在的，配称的优化是无止境的。但想要知道如何优化需要很高的信息费用，也就是需要艰苦的学习和思考，所以配称优化是一个长期的迭代过程。"二八定律"的根源是"幂律分布"，"幂律分布"的根源是一定范围内的"边际产出递增"，体现在运营上就是在不同区域、不同渠道、不同品项上集中投入资源的产出要高于平均投入资源的产出。

因此，当资源有限时，应当集中运用人财物力在某些区域、某些渠道、某些品项上，充分利用边际产出递增，并相对于竞争者形成局部资源优势，这也是运营聚焦的重要含义。当然，经济学铁律之一就是不断增加要素投入，迟早会出现"边际产出递减"，不过到了边际产出递减阶段就应当扩展区域、渠道或品项了。

"二八定律"也可能被滥用，比如超市商品销售额也满足"二八定律"，但如果去掉那些只贡献了20%收入的80%商品，很可能让顾客感觉这是一个商品极度不全的超市，便不再上门，结果是去掉"八"之后，剩下的"二"也不起作用了。

如何解释这个看似违反聚焦法则的超市案例呢？超市销售丰富的产品，并不一定违反聚焦法则，因为"超市"是一个渠道品类，产品丰富是顾客对"超市"的正常预期，产品丰富度严重达不到顾客预期的超市品牌，就会被顾客抛弃。那么，超市的产品是不是越丰富越好呢？这背后的规律到底是什么呢？

这背后的规律就是配称要兼顾规模经济和范围经济。规模经济指供应某种商品的规模越大平均成本越低；范围经济则指同时供应多种商品的总成本低于分别供应的总成本。

对超市来说，减少销售的商品种数，可以提高单个商品采购规模，产生规模经济性，从而降低采购成本。阿尔迪超市把SKU精简到700个，单个SKU采购金额数倍于沃尔玛，结果采购成本比沃尔玛更低。

但一味减少SKU就会走向反面，破坏超市的范围经济性。超市范围经济的一个重要体现就是一站购齐的便利性，如果不能实现基本的一站购齐，顾客就会大量流失。研究表明，只要精选的170个SKU就能满足普通家庭95%的日常需求，所以阿尔迪超市用700多个SKU提供了足够的丰富性，获得了范围经济；同时又通过大幅减少每个品类的SKU获得了规模经济，比如阿尔迪超市只提供一种番茄酱，而大多数超市提供10多种。

不仅渠道品牌的配称存在规模经济和范围经济的考虑，产品品牌和导购品牌也不例外。**一般而言，产品品牌是规模经济占主导地位，渠道品牌则是规模经济和范围经济都很重要，导购品牌则是范围经济占主导地位。**一些商业评论文章不明就里，经常把渠道品牌的产品丰富化当作多元化来批判，对实践者产生了不少误导。

产品品牌打造代表品项甚至"爆款"，其目的不仅是支持定位，也是为了利用规模经济。一些产品品类存在互补品类，顾客会产生关联购买，则产品品牌同时供应互补品类就有可能产生范围经济性。比如，手机品牌供应同品牌的耳机、充电宝，油烟机品牌供应同品牌的燃气灶、消毒柜。

一些产品品类具有很强的季节性，则相应产品品牌通常需要供应季节互补的产品，才能利用范围经济提高资源使用效率。

比如，五芳斋如果只做粽子，就会因为粽子消费的节令性而不能充分利用工厂、渠道、员工等资源。需要注意的是，如果五芳斋供应同品牌的其他糕点，则应当"卖而不推"，即只在渠道里延伸产品线，避免在认知中延伸品牌：在媒介传播上品牌始终和粽子关联，在粽子包装上突出品牌而在延伸产品包装上则弱化品牌。

焦点上的加法

前面提到运营聚焦兼有"减法"和"加法"双重含义：通过

做"减法"释放资源，并将释放的资源用于做"焦点上的加法"，更具体的说法就是"加强专用配称"，因为只有专用配称才能支撑品牌的差异化定位；加强专用配称，就是加强品牌对其定位的主导，提高竞争壁垒。做"减法"需要勇气，做"焦点加法"则需要创造性，因此做"加法"是一个更加困难的任务。

当当败走百货就是个争议不断的案例。一种影响很大的观点就是"垂直电商都得死，当当只做书店是等死，必须迎难而上做百货"。但用升级定位理论来分析，当当聚焦书店没问题，问题在于当当没有做足"焦点加法"，提高竞争壁垒。

在当当经营百货越来越吃力时，网络小说、知识社交、知识付费、二次元、视频网站、直播软件等新品类不断兴起，诞生了众多新品牌，这些都是当当作为一个知识产品的渠道品牌应当去扩充的品类、去引领的创新；此外，亚马逊的包年阅读、微信读书的分享阅读，也是当当应当去引领的商业模式创新。

焦点加法的主要任务是加强专用配称，通用配称则要尽量做减法，通过外包或市场分工来解决，否则焦点加法很容易落入"全产业链陷阱"。周黑鸭获得天图投资后就考虑过要不要自己养鸭，自己挣养鸭环节的利润。

简单分析可知，周黑鸭的差异化并非来自鸭肉，而是来自其配方和工艺，并且上游存在多个大型养殖企业，不存在供应安全问题。因此，除非养鸭是周黑鸭的专用配称，否则不应该去养鸭。周黑鸭采纳了我们的建议，将资源集中于加快开设门店、扩大加工能力，实现了高速发展。

企业战略的聚焦

聚焦的一般化定义是"协同使用全部资源以实现单一目标"，而企业战略的定义是"识别新品类和定位的机会，并用品牌战略去捕捉恰当的机会"。那么，对于多品牌企业战略，运用聚焦法则就面临一个尖锐的难题：何谓"单一目标"？

幸好，**多品牌企业战略也存在符合经济规律的"单一目标"，能够通过协同效应提高资源使用效率**。正是"单一目标"这个强约束，使得聚焦法则对企业战略具有很强的实践指导意义。

多品牌主导一个品类

第一种有指导意义的"单一目标"，就是用多品牌主导一个品类。由于一些品类具有多个重要特性，所以品牌主导一个特性并不能主导该品类，这时企业就应当使用多品牌战略来主导该品类。**当企业规模大到需要采用多品牌战略时，应当优先考虑在同一品类推出新品牌**，因为同一品类的供应、销售、研发体系相近，可以最大程度共用非界面级配称，增强规模经济和范围经济,提高资源使用效率。

当然,如果品类正在衰退,则新品牌应当优先考虑在替代性的新兴品类中推出,因为品类衰退通常是由于新兴品类的替代竞争。"打不过就加入"也是一种智慧。

比如轿车品类,尊贵、舒适、操控性、安全等特性都很重要,因此要想主导轿车品类,就需要多品牌战略。美国通用汽车公司在斯隆担任 CEO 期间,通过别克、雪佛兰、凯迪拉克、奥兹莫比、庞蒂亚克 5 个品牌占据了北美轿车市场超过 60% 的市场份额。今天,全球前 5 大轿车企业,都通过自建或收购,拥有至少 5 个以上的轿车品牌。

洗发水品类也有去屑、柔顺、营养、专业、草本等众多重要特性,宝洁公司通过海飞丝、飘柔、潘婷、沙宣、伊卡璐等品牌占据了全球 70% 的洗发水市场份额。

多品牌主导一个抽象品类

第二种有指导意义的"单一目标",就是用多品牌主导一个抽象品类。当企业规模进一步扩大,主导单个品类已经无法充分利用企业积累的资源,那么就可以考虑用多品牌主导一个抽象品类。由于多品牌同属一个抽象品类,其供应、销售、研发体系也会有相似之处(比如一个抽象品类通常汇集在一个渠道品类中销售），因此可以共用较多非界面级配称，提升规模经济和范围经济，提高资源使用效率。

宝洁公司起家的品牌是象牙肥皂，但宝洁公司把握住了洗衣粉替代肥皂的品类兴替趋势，创建并收购了碧浪、汰渍、兰诺等10余个洗衣粉品牌，再后来又进入洗发水、洁面乳等品类，还收购了剃须刀领导品牌吉列，从而有力地主导了个人洗护用品这个抽象品类。

可口可乐公司则通过可口可乐、雪碧、芬达、醒目等品牌主导了碳酸饮料这个抽象品类，还进一步创建或收购了美汁源、酷儿、冰露、水森活、酷乐仕、Costa 等其他饮料品类中的品牌，力图主导"饮料"这个更大的抽象品类，并抵消掉碳酸饮料品类衰退的不利影响。

多品牌主导一个价值网

第三种有指导意义的"单一目标"，就是用多品牌主导一个价值网。价值网是由众多相关上下游品类构成的商业生态。多品牌主导一个价值网的合理机会，主要源于破坏性创新形成新的价值网。企业如果试图去主导一个原有的价值网，就意味着什么都要干，不仅违反专业化分工原则，而且要挑战多个品类领导品牌，四面树敌，竞争风险极大。

《创新者的窘境》指出，在破坏性创新的早期阶段，需要跳出原有价值网并创建新的价值网。由于新的价值网经常会缺乏配套的专业化分工，所以企业需要做整合式创新，换句话说就是不得不"什么都干"，当然并不是真的"什么都干"，而是局限于破坏性创新所需的关键业务。

阿里巴巴创建淘宝后，发现电商属于破坏性创新，缺少网络支付和交易担保等专业第三方服务，当时传统银行体系不屑于为刚兴起的电商开发新服务，所以阿里巴巴不得不自己开发了支付宝，后来又为支付宝用户推出了余额宝理财，再后来又为消费金融推出了芝麻信用；为了有效分配流量，还推出了阿里妈妈广告服务；另一方面，由于电商需要依赖现代化的物流服务，因此阿里除了扶持第三方物流，还创建了菜鸟物流为第三方物流提供基础设施。

阿里的企业战略从主导电商价值网到主导新零售价值网，就是在破坏性创新的基础上，充分把握了新兴价值网发育机会的结果。

火锅作为传统中式餐饮的一部分，一开始也是极度分散，专业分工极不发达。海底捞异军突起后，就发现火锅这个品类缺少配套的专业服务供应商，于是它也不得不进行整合式创新，自己做调料供应、食材供应链、人才培训、IT系统开发等。

随着规模的扩大，海底捞公司就将这些配套业务独立，进入模块化创新阶段,让这些业务模块向整个市场提供服务,形成了 2C 的品牌海底捞火锅,2B 的品牌颐海国际火锅底料、蜀海供应链、北京微海管理咨询、海海科技等。其中颐海国际还先于海底捞实现 IPO,蜀海也在 IPO 过程中。海底捞上市后,市值很快超过千亿港币,成为市值最大的中餐企业,主导了火锅品类价值网。

企业用**多品牌主导一个价值网**,"协同使用资源"是如何体现的呢?由于不同抽象品类间的共用配称较少,因此多品牌主导一个价值网的协同效应主要是**通过相互之间的交易来降低交易费用**。但这种获得协同效应的方式也相应减少了企业家数量,弱化了竞争和创新,而当价值网由更多独立企业构成时,会有更多企业家参与竞争,贡献企业家才能。

但我们发现,互联网时代主导一个价值网的大企业在不断增加,一个重要原因在于,互联网革命让大数据成了价值网主导型企业的新的共用配称,这就部分抵消了竞争弱化导致创新减弱的不利影响。"大数据 + 人工智能"形成的生产力革命方兴未艾,对企业战略必将产生更多影响。

有限多元化——"主业 + 投资"型企业战略

现实中仍然会有超大型企业,其单个价值网已经不能充分利用其积聚的资源,这时企业就得考虑跨价值网发展,采用有限多元化战略。超大型企业很容易成为德鲁克在《管理的实践》中指出的"规模大到无法管理的企业","大到无法管理"的内部原因是组织问题,例如"事业部最高主管和总公司高层无法直接沟通";外部原因则是业务逻辑冲突,例如"适用于一种事业的目标和原则,会危害到另外一种事业"。

宝洁公司作为多品牌战略的典范,现在已经是一家"大到无法管理"的过度多元化企业。飘柔洗发水开始在广告中诉求"活性炭去屑",与同属宝洁的海飞丝无序竞争,这就表明宝洁的多品牌战略协同出现了问题。此外,如果让顾客知道品客薯片是宝洁旗下品牌,也会降低顾客对品客薯片的购买欲望。

显然,宝洁公司已经意识到了自身问题,新任 CEO 上台后开始了重新聚焦,卖掉了品客薯片、金霸王电池、南孚电池等品牌,并宣布聚焦的目标是将宝洁公司旗下品牌从 500 多个缩减到 50 个。

艾·里斯在《聚焦》一书指出,绝大多数多元化上市企业在分拆后的市值总和要大于分拆前的市值。这说明绝大多数多元化企业是源于企业家的成就需要,而不是经济效率的需要。那么,有没有可能兼顾企业家的成就欲望和经济效率呢?完全有可能,那就是**"主业+投资"型企业战略,让大企业能够跨越价值网获得更长久的生命力,但又不违反聚焦法则。**

在"主业＋投资"型企业战略下，主业本身符合聚焦法则，投资本身则有其专业性，投资于多个价值网通常并不会破坏投资的专业性，所以相对于其他多元化方式，"主业＋投资"是一种多元化程度最低的、相对聚焦的企业战略。

企业战略"发现新品类和定位的机会"这一核心任务不变，但利用机会的方式不再局限于"用品牌战略去捕捉恰当机会"，而是改用投资的方式去利用这些机会，让这些机会既拥有创业者的企业家才能，又能获得大企业适当的资源支持，还不会增加大企业的管理复杂性。BAT、TMD 这类价值网主导型企业，已经是"主业＋投资"型企业战略的实践者，并且取得了很大成就。可以预料，"主业＋投资"型企业战略会被越来越多的大企业采用。

■■■■ **本章小结** ■■■■

聚焦是一个重要的战略指导原则，它要求企业"协同使用全部资源以实现单一目标"，"目标"需要在特定的战略理论中进行具体定义。

在升级定位理论中，品牌战略的聚焦分为认知聚焦和运营聚焦两个层面，分别追求认知效率和运营效率，运营聚焦既要做减法也要做焦点加法，需要兼顾规模经济与范围经济。多品牌企业战略则有不同程度的四种聚焦方式：①多品牌主导一个品类；②多品牌主导一个抽象品类；③多品牌主导一个价值网；④有限多元化——"主业+投资"型企业战略。

第四部分

定位的底层逻辑

第 22 章

定位与外部思维

什么是外部思维

艾·里斯和杰克·特劳特在《定位》一书提出了"由外而内的思维方式",也就是定位圈常说的"外部思维",书中虽然举了一些外部思维的例子,但并没有给出明确定义。理论必须严谨,因此需要明确定义重要概念,否则"不可言传"地各自意会,就会出现"运用之妙,存乎一心"的故弄玄虚现象。

定义一个概念需要使用更基本的概念,因此逻辑上必须止步于某些不可定义的初始概念,但这些初始概念能被正常人借助经验和实例直接领悟并通过简单互动达成共识，所以并不需要用别的概念来定义。借助经验和实例直接领悟初始概念是大脑进化出来的本能，因此婴儿能够从零开始学会语言和思维。当然，概念定义通常并不需要追溯到初始概念，能链接到其他学科定义过的概念也可以。

外部思维的定义，**就是根据信息接收者已知信息和所处状态来考虑信息的发送，从而更有效地实现信息发送者的目的**。

信息接收者已知什么信息，处于什么状态，决定了接收者能够关注、理解、相信什么信息以及会对什么信息采取行动，比如收藏、转发、谈论、购买等。大多数信息发送者的目的都是改变接收者的思想和行为。外部思维是如此明显且必要的沟通技能，但现实中却很少有人能自发形成外部思维能力，这个有趣的现象在下一章再探讨。

很长一段时间内，支付宝都是在顾客打开 App 时就弹出版本更新提示，这时顾客多半处于正要付款的状态，一刻都不能等，怎么可能先去更新 App。我就多次被这个不考虑用户所处状态的设计烦扰，每次我都拒绝更新以便先完成支付，但支付结束后就不知道在哪里启动更新了。前不久，支付宝终于改为支付完成后再弹出版本更新提示，瞬间感觉流畅无比。

外部思维是一种有效沟通的方法，《定位》一书则在引言中开宗明义："定位"是"一种新的传播沟通方法"。也就是说，定位理论在诞生之初，其实是关于传播和沟通的学问。书中还写道："定位的基本方法，不是去创造某种新的、不同的事物，而是去操控心智中已经存在的认知，去重组已存在的关联认知。"

所以定位理论最初是一种营销理论，其核心是调控信息而不是改变产品。但随着定位理论的发展，人们逐渐发现"有效的信息"（也就是能够左右顾客选择的信息）应当作为经营的出发点，然后再去构建事实，让事实和"有效信息"实现一致。"有效信息"的焦点就是"定位"，而"构建事实"就是"配称"，于是定位理论就从营销理论发展成了战略理论。

外部思维，则成了熟练运用定位理论所需要的一种重要思维技能。

关联认知与场景

"信息接收者已知的信息"可以用一个概念简化，那就是"关联认知"，也就是前面讲信任状时提到的"认知事实"。关联认知主要是信息接收者心智中的概念和观念，比如各种品类和特性，就是顾客心智中的重要概念，品牌要借助这些概念才能够有效对接顾客需求。"核桃补脑""药能治病"就是顾客心智中的观念，品牌借助这些观念可以有效说服持有这些观念的顾客，例如"经常用脑，多喝六个核桃""云南白药创可贴，有药好得更快些"。

了解关联认知是外部思维的重点，我们应当了解传统文化、时代常识、流行文化，而身在其中则是最好的了解方式。但是个人的精力和生活圈子都是有限的，靠个人经验了解关联认知也是有限的，因此实践中还得依靠系统方法，比如各种搜索引擎指数，各大媒体的热门资讯榜，各大流量平台站内搜索框的自动补全信息等都是探察关联认知的低成本方式。

对于掌握心智地图这种关联认知，前面章节提到的"广告考察法"也是一种低成本却很有效的方式。如果掌握关联认知对特定目的而言很重要，企业就可以使用成本更高的方式，比如聘请专业调查机构，此外，我们还可以期待"大数据＋人工智能"会产生新一代的资讯服务。

"信息接收者所处的状态"也可以用一个概念简化，那就是"场景"或"情境"。支付宝在打开 App 时就弹出版本更新提示，就是没有充分考虑场景：大多数用户都是在支付时才打开支付宝，在这个场景下不可能先去下载更新。

手机买菜 App"食行生鲜"发现晚高峰时段的电台广告比早高峰时段有效，这背后就是场景的差别：早高峰是在上班路上，潜在顾客操心着工作上的事情，关注的信息会偏向时事、财经、职场；晚高峰则是在下班路上，潜在顾客操心着晚餐怎么解决，容易联想到超市的拥挤、排队，因而更容易被手机买菜方式所吸引。

投放公交车身广告，你觉得投在车身左侧效果好还是右侧效果好？有个创业者在实践中发现的答案令人叫绝。其答案是：取决于该路公交车的线路。如果公交车主要走大街，那么车身右侧广告效果更好；如果主要走小街，那么车身左侧广告效果更好。原因在于"行车靠右"的规则和街道宽窄导致的行人与公交车的距离差别。如果是大街，车身右侧广告离右侧行人距离刚好合适；左侧广告离行人距离就太远，看不清楚，不容易被关注。如果是小街，车身右侧广告离右侧行人距离太近，行人来不及看清楚车就开过去了；而左侧广告则距离合适，有更大机会被看清楚。

外部思维与品牌传播

对于品牌传播这个任务而言，外部思维的要点是：**传播的关键对象是潜在顾客而不是既有顾客，必须假定潜在顾客对你的品牌一无所知**，因此潜在顾客最想知道的信息就是品牌三问的答案。用这个要点来审视品牌传播，我们就可以发现很多品牌形象广告常常缺乏品牌三问的答案，因而是低效的沟通；只有家喻户晓的领导品牌，才可以用形象广告来保持存在感，防止品牌老化、被遗忘或者打造彰显价值。

对绝大多数品牌来说，广告的核心任务是将潜在顾客转化为实际顾客，这就需要明确回答品牌三问。**当潜在顾客转化为已有顾客后，广告的作用就会退居幕后，影响顾客后续行为的认知更多来自产品使用体验，它决定了顾客能否成为复购顾客或口碑顾客。

混淆了广告和产品对认知的不同作用，企业就会做出低效甚至反效的配称。比如，餐厅通过门牌灯箱甚至喇叭播放广告，把顾客招徕进店后，就不应当继续做广告影响顾客体验。然而，某品牌水饺店就犯了内部思维的错误，在店内广播自己是领导者，让顾客体验下降了不少。当时我在店里用餐，心想"我都进店消费了，干吗还对我吆喝这些"。

外部思维的练习

外部思维的威力巨大，但难点在于要通过大量练习形成思维习惯后，才能充分发挥其威力。**干扰外部思维的最大因素是"知识的诅咒"**，这是心理学中的一个重要现象：当我们知道了某些信息后，就很难像不知道这些信息时一样思考。作为经营者或者说"内部人"，知道的信息远比外部顾客多，因此很容易觉得自己表达清楚了，但其实是无意识地脑补了内部信息而自以为清楚，陷入自嗨而不自知，这就是与"外部思维"相反的"内部思维"状态。

比如，软件工程师很容易理解各种功能按钮上的文字提示，觉得没有比这更明白的了,其实大多数提示文字都是行话,会让顾客莫名其妙。很多 App 中都有"发现"按钮,软件开发者觉得约定俗成,但用户并不太明白这个按钮的功能,也不会有开发者所期待的好奇心。我曾经建议某个 App 将用户界面中的"发现"按钮改成"购物中心",结果点开率提高了三倍。

如果不能做到暂时忘掉自己掌握的内部信息,那么还有一个重要的补救技巧,就是只**关注信息表达本身,利用语法规则和逻辑规则来检查表达本身所包含的信息**。比如支付宝的"朋友"按钮,开发者理解它是干什么的,但用户不能理解,因为里面是各种小程序,怎么能叫"朋友"呢,而且钱包里装着"朋友"也挺有违和感的。

练习外部思维的最有效方式,就是不断审视日常生活中无处不在的信息表达,如果能随处发现低效甚至错误的表达,那你的外部思维就有相当火候了。因为既然能随处发现信息表达的低效或者错误,说明你已经能够不假思索地站在信息接收者角度,知道什么是高效或正确的表达了。

比如,旧国标的五眼插座会误导用户同时插上三脚和两脚插头,而新国标的五眼插座将三眼和二眼的位置重叠,就避免了误导。卫生间男女指示牌放在门上时,如果门开着就不容易看到,因此最好放在合适的墙面上。门店招牌用生僻字,或者请书法家题得龙飞凤舞,都降低了品牌传播效率。传统茶叶品牌的包装上，品类名很大，品牌名却小得需要仔细寻找，也极大降低了品牌传播效率。

又比如，iPhone 手机的"勿扰模式"很多用户都不知道，并不是这些用户不需要该功能，我曾在多个场合讲了这个功能，在座的人纷纷开始设置，说"太需要了，以前怎么不知道"。其实开发者高估了小白用户探索产品功能的热情，更有效的沟通方式，应当是在深夜来电后弹出提示：要不要启用"勿扰模式"。当我把这个观点讲给某品牌手机的 CEO 听时，他立即记了下来，并要求产品经理用这种思路重新审视用户界面，做出了不少人性化的改进。

外部思维不仅可以改善顾客沟通和产品设计，实际上它还可以改善一切沟通，因为信息接收者并不限于顾客。比如，微信中经常有人发出"在吗"两个字的问句，接收方通常很纠结，暂不回应，心存愧疚；及时回应，又不知道要占用多少时间；等有了空闲之后想回应时，又不知道对方还在不在。因此掌握外部思维的人就不会发"在吗"两个字，而会直接说明事由，等对方有空时直接回应，也无须反问"还在吗"，这样就能大幅提升沟通效率。

升级定位理论本身也广泛运用了外部思维："顾客价值配方"考察的是顾客如何看待品牌，发现顾客靠品牌消除不安全感，彰显个人信息；"品牌三问"考察的是顾客面对陌生品牌时关注哪些信息；"品类命名八字诀""品牌起名四要"都是从顾客角度看待名字传递信息的能力；"二语三性法则"也主要是从顾客角度看待广告；"品类三界论"考察的是顾客购买时面对的主要决策。

此外，熟练掌握并利用心智规律，可以改进我们大脑的算法，大幅减少形成外部思维所需要的练习量。

▪▪▪ 本章小结 ▪▪▪

外部思维就是考虑信息接收者的已知信息和所处状态来决定信息的发送，从而更有效地实现信息发送者的目的。外部思维是一种威力强大的思维方式，对于产品设计、品牌传播、日常沟通都有巨大帮助，但需要大量练习才能养成外部思维的习惯。

练习外部思维的最有效方式就是不断审视日常生活中的各种信息表达，直到能随处发现低效或错误的信息表达方式。掌握心智规律有助于正确运用外部思维。

第 23 章

六大心智规律

竞争的终极战场是顾客心智,顾客心智规律就成了参与商业竞争的必备知识之一。

进化——理解人类心智的钥匙

大脑的运行是脑科学、心理学、经济学等学科的主要研究对象,而经济学和心理学开始融合为行为经济学,这是近年来诺贝尔经济学奖的高产领域。这些学科的研究不断揭示人类心智现象和规律,成了定位理论的深层科学基础,因为定位理论就是一门利用顾客心智规律，有效发送信息以调整顾客认知、左右顾客选择的学问。"心智"和"大脑"是同义词，不过"大脑"常用于自然科学语境，而"心智"常用于社会科学语境。

行为经济学是经济学的年轻分支，威力巨大但也争议颇多，比如行为经济学用许多"非理性"决策现象挑战传统经济学的"理性人"假设，传统经济学则以"信息费用"自圆其说：考虑到"完全理性"所需的高昂信息费用，很多时候"从众的"或"武断的"决策才是代价最低的"理性决策"。

用"信息费用"反驳"非理性"，运用的其实是"成本收益"法则。"成本收益法则"不仅是经济学的基本法则，也是生物进化和自然选择的基本法则。如果考虑进化，我们就会发现，行为经济学发现的所谓"非理性"决策机制，在人类漫长进化史中没有被自然选择所淘汰，因此必然有其成本收益上的合理性，这种合理性就叫作"**进化合理性**"。

在现代社会，有些决策机制显得"非理性"，那是因为人类进入文明的时间太短，进化的力量来不及调整心智的生物学机制。工业文明才几百年，有文字的文明才几千年，而智人的进化史有几十万年，人科动物的进化史有几百万年，灵长目动物的进化史有几千万年。用进化合理性去分析，行为经济学发现的"非理性"决策机制在漫长进化史的大部分阶段都是合理的。

特劳特先生为了定位理论的需要总结过"五大心智规律"，

里斯先生增加了"心智分类存储"变成"六大心智规律",其他人对心智规律也有别的提炼和分类,查理·芒格甚至提炼出25个"人类误判心理"。缺少底层分类逻辑,必然会导致众说纷纭而且这些分类也难以记忆。结合经济学和进化论,我将科学家们发现的众多心智模式分成了六组,是谓"六大心智规律",没有发明新东西,但有助记之用。

六大心智规律

六大心智规律可以用"一限二求三法则"概括。

一限:容量有限

二求:追求安全、追求地位

三法则:效率法则、合作法则、学习法则

容量有限

心智规律第一条是"容量有限",体现的是心智运行的成本约束法则,这是心智规律的起点。经济学的第一条基本假设也是"资源稀缺",否则,研究如何有效配置资源的经济学就没有必要存在了。

大脑是一个代价高昂的器官,它只占人体重量的2%,却占人体总能耗的 20%。心灵鸡汤说"大脑只利用了 10%"，早已被脑科学证伪。如果用进化合理性来分析，结论更加显而易见：如果大脑利用率那么低而能耗那么高，自然选择就会偏爱更小的大脑，淘汰浪费者。

心智容量有限要求品牌传播时必须简化信息，而且要让信息有条理。"简化信息"意味着必须舍弃过多细节，保留关键信息，在这个信息超载的时代，"简化信息"尤为重要。"有条理"意味着信息与心智中已有的信息相契合，这就是"有条理"的含义，有条理才能减少心智处理负担，也就是减少对心智容量的占用。

心智应对容量有限的一个重要方式，就是只为一个概念记忆少数实例。乔治·米勒教授发现的"7 定律"可以说明，普通顾客只会为一个品类记忆最多 7 个品牌。**心智应对容量有限的另一个重要方式，就是快速遗忘不重要的信息**。只有不断重复的信息或令人印象深刻的差异化信息，才会被心智判断为是重要的，从而放进长期记忆。

有限 = 稀缺，稀缺 = 竞争。因此，品牌需要和其他品牌竞争有限的心智容量，不仅要代表值得记忆的差异化价值，而且要不断重复传播一致的信息。**重复传播必须克服内部人的审美疲劳**，因为即使内部人听得反胃了，大量潜在顾客也还是第一次接触到。

追求安全

心智规律第二条是"追求安全"。"安全"是心智追求的第一类利益,包括人身和财产的安全。消费者做出购买决策,通常面临着多种风险,比如达不成目的(虚假宣传)、身体或其他伤害(质量问题)、金钱损失(买贵了)等。**品牌建立保障价值,就是在降低顾客的安全相关风险。**

顾客需要品牌提供零风险承诺,他们偏爱从众性购买,选择熟悉的品牌重复购买,对新品牌要求试用体验或试用装,都是心智追求安全这一规律在顾客购买决策中的体现。品牌战略原点期克服初认知挑战,降低进入门槛的许多方法,都是对"心智追求安全"的运用。

由于人类在进化史上绝大部分时间都处于临界生存状态,等量的收益只是让人过得稍好一点,等量的损失却可能让人活不下去,因此进化出了所谓的"损失厌恶"现象:损失所导致的痛苦需要三倍收益才能弥补。

日本推出消费税后,零售业遭受重创,商家打折促销都不能拉回顾客。最后 7-11 创始人铃木敏文发现,"全额退税"就能重新激发顾客消费热情,因为"全额退税"直接抵消了顾客的损失厌恶感;而用打折促销方法,至少需要相当于税款 3 倍的折扣让利才能抵消顾客的损失厌恶感。

损失厌恶现象对定价也有指导意义。比如提供按次付费和包月两种价格套餐，新顾客追求安全会更多选择按次付费，老顾客会更多选择包月模式而被锁定，因为按次付费会多次激发损失厌恶感，损失来源于按次付费的单价更高。

追求地位

心智规律第三条是"追求地位"。"地位"是心智追求的第二类利益，也就是在社会关系中更受重视，掌握更大控制权。对操纵心智规律的基因来说，其终极利益并不是个体的安全，而是基因的繁衍，表现在进化中就是"性选择"的广泛性。"生命诚可贵，爱情价更高"不仅适用于人类，许多动物为了繁殖甘冒生命危险，为了领地或异性不惜生死相斗，某些种类的螳螂和蜘蛛宁愿被雌性吃掉也要迎难而上。

从众、随大流固然在多数情况下有利于个体的人身安全，却会泯然于众，得不到异性青睐，这对基因来说是更大的风险。底层的"性选择"机制被心智的奖赏机制包装成了高层次的间接机制，比如对社会地位的敏感，出人头地的满足感，还有司空见惯的刷存在感、秀优越感。

我们可以发现年轻人更渴求社交地位有更大的标新立异需求，所以时尚和潮流品类主要针对年轻人。我们也可以在这些品类中发现反从众的力量，"小众"很多时候就是品牌的卖点。在个人穿戴相关品类中，企业通常要采用多品牌战略或做成渠道品牌才能做得足够大。

产品的外在价值和品牌的彰显价值，很大程度就是在满足顾客"追求地位"的心理需求。品牌不能表现得很Low，低价品牌应当提供价格之外的价值，比如"实用主义者的选择"，以帮助顾客抵挡社交歧视。品类领导者的重要任务之一，就是提升品类外在价值或者消除品类负外在价值。品牌信息要具备传染性，就得自带社交货币，帮助传播者提升社交地位。

效率法则

心智规律第四条是"效率法则"，这是资源竞争和自然选择的必然要求，要在资源约束下获取最大收益。心智服从效率法则的主要表现就是，心智高度依赖各种"心理捷径"或者说"启发规则"来降低决策成本并及时做出决策。

心理捷径包括"易得性""代表性""流畅性""锚定与调整""社会认同""权威效应""短缺效应""框架效应"等，这是心智通过有限努力获得最大期望收益的决策机制。在被誉为"销售圣经"的《影响力》一书中，西奥迪尼提出了"六大影响力法则"，其中就包括了"社会认同""权威"和"稀缺"三种心理捷径。这些心理捷径可用于打造信任状以及利用市场特性实现差异化。

效率法则还体现在心智执着于对事物进行分类处理、喜欢模式化、喜欢归因等层面上。品牌与顾客的沟通应当以"品牌三问"为核心，就是对分类处理、模式化、归因的运用，帮助顾客以最小心智成本获取最重要信息，满足效率法则。"7 定律"、选择性遗忘，既体现了容量有限，也体现了效率法则。

心智使用心理捷径的程度，取决于决策的重要性和风险大小。对于重大风险决策，心智就会调动更多记忆，并采用更消耗心理能量的逻辑推理方式决策，这种决策方式在诺贝尔经济学奖得主丹尼尔·卡尼曼的《思考，快与慢》一书中称之为"慢想系统"或"系统 2"；利用心理捷径的决策方式则被卡尼曼称之为"快思系统"或"系统 1"。

对于顾客使用不同决策方式的不同品类，品牌战略的配称也会有所不同。对于使用"快思系统"决策的品类，广告和公关的沟通效果通常比较好。对于使用"慢想系统"决策的品类，单靠广告和公关通常是不够的，还需要一线销售人员的介入才能有效成交。即使需要销售人员介入，品牌仍然能够大幅降低获取销售机会的成本以及销售人员说服顾客的难度。

合作法则

心智规律第五条是"合作法则"，这是人类作为社会性动物上千万年进化而来的强大本能。人类远祖被环境变迁迫使下地生活，失去了树上生活的优势，人类远祖在肉体上的弱小便显露无遗，只有依靠有效的群体合作,才能对抗草原猛兽并捕猎大型动物。

《影响力》一书把"互惠原理"放在六大影响力法则之首,这也是最重要的合作法则:接受他人恩惠后会本能地产生回馈压力。影响力法则之二"承诺和一致原理"也是合作法则的体现,违反承诺会让人心理不安,比如食品销售人员让顾客试吃之后,标准套路就是问一句"好吃吗?"顾客因为互惠原理很难回答"不好吃",一旦回答"好吃",就变成了一种"承诺",接踵而来的"一致性"压力就让顾客很难拒绝购买。此外,"喜好原理"也是合作法则的体现。人们本能地更愿意和喜欢的、熟悉的对手交易,这背后,就是重复博弈导致的合作进化。因此,品牌要持之以恒地传播,避免让新一代顾客感觉陌生,如果条件允许还应当建立会员机制,利用重复博弈推动合作的进化。许多执行"不满意就退款"承诺的企业发现,退过款的顾客复购率和客单价普遍提高了。

人类具备与生俱来的道德本能,也是合作法则的重要体现。心理学家发现几个月大的婴儿就能识别不公平行为并表现出反感;具有行动能力的小孩就会表现出报复行为。"一报还一报"是强大的合作进化策略,根植在许多文化中,比如"以牙还牙""礼尚往来"。

人类还会自发做出"无私"的"利他惩罚"行为。俗话说"好事不出门,坏事传千里",就是一种"利他惩罚"机制,人们愿意付出时间精力去谴责那些破坏合作机制的个体。人们尤其乐意传播知名品牌的负面信息，从而集社会之力督促品牌成为好的合作者。

一些品牌利用大数据实施价格歧视，这种行为被顾客称为"大数据杀熟"，会导致顾客愤怒和利他惩罚。价格歧视是定价的精髓，但精髓中的精髓是为价格歧视设置恰当屏障。什么是恰当屏障？那就是不怕被顾客知道，知道了也不会被反感的屏障，比如学生优惠、女士优惠、老人优惠、预订优惠、量大优惠、会员优惠、首单优惠、不怕麻烦则优惠，等等。

人类还天生具有参与和分享的欲望，这是合作法则的重要体现，也是追求地位的体现。因此，品牌要争取为顾客创造参与和分享的机会。

学习法则

心智规律第六条是"学习法则"，这是所有具备神经系统的动物的共性。科学家发现涡虫这种低等动物都具备学习能力，更何况人类学习能力遥遥领先于其他所有动物，这让人类能在后天掌握大量知识，获得生存优势。

基因为人类心智设置了强烈的学习奖赏机制，让大脑渴求信息输入，合适的信息输入能产生"心流"体验甚至成瘾，比如看小说或电视剧；而且大脑更加渴求反馈式信息输入，反馈是学习的基本模式，有了恰当的反馈系统，普通人也能成为学习高手，反之，学习就会变成苦差。具备恰当挑战性和实时反馈的系统比单向信息输入更容易产生"心流"和成瘾，比如电子游戏就是恰当挑战与实时反馈的完美结合，成为现代人既爱又恨的产品。

学习法则体现为众多心智现象。比如"好奇心"，表现为关注新鲜事物，关注差异化信息，关注第一个进入心智的事物；比如"知识缺口效应"，当知道了重要或有趣信息的大部分内容时，就会迫切想知道缺失部分；比如"认知失调"，心智会因为认知中的矛盾而感到痛苦，所以会努力寻求认知自洽，而一旦达成自洽就会抗拒改变，因为局部改变通常会导致认知失调。

成年人的认知尤其难以改变，因为改变认知实际上要改变大脑中的神经细胞连接方式与强度，随着年龄的增长，大脑改变连接方式的能力是下降的，所以很多新品类的原点顾客是年轻人。

"学习法则"对品牌经营来说具有广泛的指导意义，比如差异化竞争，第一个进入心智，制造冲突和悬念，顺应顾客既有认知，等等。利用"学习法则"还能设计出强大的销售手段，比如零食包装上印百科知识题，网络小说初始章节免费阅读，游戏软件基础玩法免费，等等。

综合利用心智规律，威力会更加强大。7-11创始人铃木敏文发现超市收银员情绪低落，用尽各种管理手段都无法改善，最后他修改了收银机程序，每收完一单就弹出一条信息"这一单你花了××秒，打败了××%的同事"，结果收银员们开始互相PK，工作效率和热情大幅提高。这个设计利用了学习法则，提供了实时反馈，并且利用了追求地位的心智规律。

透析品牌延伸

综合运用心智规律，还能解释很多重大商业现象。比如，探讨品牌延伸是对是错。对于品牌延伸争议难平的原因在于既有成功案例也有失败案例，所以容易各执一端。综合运用心智规律，就可以更好地解释品牌延伸为什么时灵时不灵，实现正确归因并指导实践。

品牌延伸在短期常常有效，特别是大品牌往相近品类的延伸，这是因为心智追求安全，当顾客还不知道某些品类中的专家品牌时，就会觉得大品牌更有安全感。但品牌延伸在长期中往往无效，因为随着时间推移，信息费用会下降，顾客最终会知道专家品牌的存在，并根据经验认为专家品牌比什么都做的品牌更值得信赖。追求安全的心智规律在短期有利于品牌延伸，但在长期却成了品牌延伸的敌人。另外，由于效率法则，延伸品牌不容易被放进顾客心智中的分类体系，因而难以稳定占据一个定位去实现心智预售。

一个真实经历是我在日本旅游时想买一个电饭煲，因为不知道哪个品牌好，就优先在松下、日立、东芝这三大品牌中挑选，但当店员告诉我"象印"是卖得最好的专业电饭煲品牌时，我就毫不犹豫地选择了"象印"。

可是，确实有一些品牌延伸在长期中也有效，这种情形通常属于强势品牌延伸到弱势品类。由于心智容量有限，弱势品类太多，顾客不可能为所有弱势品类——记忆专家品牌，因此对于弱势品类来说，降低交易费用的更有效方式就是，由强势品牌延伸或者渠道品牌来提供保障价值。这也是效率法则的体现。

人类为何没有进化出外部思维

第 22 章我们讲过外部思维有巨大威力，可是人类为何数百万年都没有进化出外部思维？

外部思维要求大脑假装不知道很多信息，对于通过密集的神经突触连为一体的大脑来说，相当于割裂大脑，这是极其困难的任务。因此，形成外部思维需要艰苦练习，而且很大程度要靠"慢想系统"不断运用逻辑纠正直觉，所以外部思维是心智运行成本极高的思维方式。

在人类进化史的绝大部分时间，群体合作规模很小，人际沟通都是面对面的。在这种情况下，低成本的有效沟通方式是通过实时反馈纠正偏差，而不是运用成本极高的外部思维。

但到了近现代市场经济，品牌与顾客的沟通变成借助各种媒介的单向一对多的方式，反馈链条变得间接而漫长，正确归因变得困难，因此品牌沟通中的偏差很难被纠正。这时外部思维的巨大威力才充分体现出来，但由于展现优势的年代太短，所以外部思维没能进化为本能。

幸运的是，移动互联网和人工智能为现代社会中的品牌沟通，提供了实时反馈所需要的强大技术手段，这是值得高度重视和利用的技术革命。

文化因子的崛起

"生命诚可贵，爱情价更高"道出了心智追求的两大类利益，可是这两句诗还有下文"若为自由故，二者皆可抛"，多少人为了理想舍身，为了信仰禁欲。这说明心智中有一种因素开始逃脱基因的掌控，这种因素是一种广义进化体，进化论生物学家里查德·道金斯最先将它命名为"谜米"（meme），更容易理解的叫法是"文化因子"。

基因造出大脑来为自己的繁衍服务，让人类成为万物之灵，但也因此失去了对大脑的绝对掌控，被迫让出了一部分控制权。

文化因子的崛起，开辟了全新的文化生态，形成了各种文化因子"同盟军"，比如科学、宗教、星座、中医、佛系、二次元、动物权利等。不同文化因子的冲突，可以达到割席断交甚至兵戎相见的程度。打造品牌要调动关联认知，也就是要借助文化因子"同盟军"的力量；打造品牌彰显价值或者让品牌获得自发传播的力量，更需要获取文化因子"同盟军"的支持以及利用文化冲突的张力。

▪▪▪ 本章小结 ▪▪▪

人类心智规律是多门学科的研究对象，成果丰硕，本章只是一个导读，让你知道还有这么多规律存在，而且能在商业中发挥巨大威力。本文虽举了不少例子，但只是沧海一粟，目的是激发你去学习相关学科并用于实践。

根据"进化合理性"原理，可以将心智规律概括为"一限二求三法则"：容量有限，追求安全，追求地位，效率法则，合作法则，学习法则。心智规律可以解释品牌延伸何时有效，何时无效，实现正确归因并指导实践。基因已不是心智的唯一掌控者，打造品牌要充分调动文化因子的力量。

第 24 章

定位理论的边界

能力边界

查理·芒格说过一段名言：如果你确有能力，你就会非常清楚你能力圈的边界在哪里；没有边界的"能力"根本不能称之为"能力"。

芒格的名言同样适用于定位理论。当然，严格划出定位理论的边界绝不是一件容易的事情，但我们可以允许边界不是边界线而是边界带，这样就可以通过正面清单和负面清单相结合的方式画出一条较宽的边界带。

正面清单指出明显属于定位理论能处理的核心领域，保守者可以在核心领域内运用定位理论；负面清单则指出明显不属于定位理论处理的领域。艺高胆大者，可以在两类清单之外的边界带运用定位理论，通过实践不断扩展正面和负面清单，让边界带逐渐收窄为边界线，这也是理论的一种发展方式。

正面清单

升级定位理论处理的核心领域是品牌战略和企业战略。首先是指导战略的目标设定，即品牌战略要主导的定位以及企业战略要主导的品类、抽象品类或者价值网；其次是指导战略的配称设计，物理战场上的一切行动都是配称，几乎无所不包。

"配称"概念由迈克尔·波特提出，还未被广泛使用，但在定位理论中却是核心概念之一。升级定位理论对其分析后，提出了三个视角的划分："界面级/非界面级配称""专用/通用配称""独立/共用配称"，每一个视角都是配称设计的一个指导原则。"配称设计"和其他理论指导下的"运营设计"有一个重大区别："配称设计"关注的是，每一项运营活动向顾客明示或暗示的信息是否指向同一个定位。

配称要落地，不仅需要指导原则，还需要清单化的工具，升级定位理论引入商业模式作为配称的一级清单，并提出了"品牌商业模式"和"企业商业模式"分别指导品牌战略和企业战略的配称。商业模式清单中一些配称的展开,比如产品设计、技术研发、股权设计、制度设计、企业文化等,已经不是定位理论擅长处理的领域,应当交由相关专业理论来协作处理。此外,根据品牌生命周期的五个不同阶段,还需要动态调整配称,甚至重新定位。

定位理论最具革命性的地方,就是管理品牌在顾客心智中的认知,以获得认知优势,从而被顾客优先选择。选择就意味着竞争,因此品牌战略天生带有竞争视角。品牌被优先选择源于更大的顾客价值,"顾客价值配方"对其分析后,分出了内在价值、外在价值、保障价值、彰显价值等概念。

企业战略是品牌战略合乎逻辑的拓展,品牌战略针对单个品牌,但企业可以经营多个品牌。多品牌战略源于单个品牌不能满足企业发展需要,或者企业发现了不容错过的新机会。定位理论开创者指出,追求增长有时会破坏定位。虽然品牌不能一味追求增长,但企业会不进则退,因此企业战略带有明显的发展视角。

然而我并不主张因此提出"竞争战略"和"发展战略"两个概念,因为这两种提法没有明确战略的主体,容易产生歧义,导致"战略"概念的模糊化;而"品牌战略"和"企业战略"这两个概念就比较明确,减少了理论的沟通成本。在对概念命名时,精确胜于模糊,具体胜于抽象。基于同样的考虑,升级定位理论对品类命名、品牌起名的要点各自做了工具性的总结。

升级定位理论对定位理论作了不少概念及工具的发展，不在此一一复述，但这些发展并非着眼于扩大定位理论的适用范围，而是加强在原有范围内的实践指导能力。

负面清单

定位理论运用时的越界，主要源于"定位"和"战略"两个词语在自然语言中的多义性，在那些望文生义使用"定位"和"战略"两个术语的场合，一些人就误以为可以靠定位理论大显身手。

常见的越界就是用定位理论去做国家和城市定位。即使把国家和城市强行当作超大企业，由于国家和城市天然需要很多价值网，升级定位理论的聚焦法则也不适用；而且，超大企业必须用多品牌战略，要分别做品牌定位，最后还需要协同运用全部资源进行配称。除非是支配着大部分资源的计划经济国家或由一个大型企业构成的城市，才可以做这样的配称，否则，市场竞争才是配置资源的主要手段。

那么，定位理论创始人对比利时、新西兰、格林纳达的定位又是怎么回事呢？其实那是对国家或地区的旅游品牌定位，只是被后学误读了。比如给格林纳达的旅游品牌定位为"加勒比海原始风貌"，这一定位可谓量体裁衣，确实高明。后来格林纳达邀请中国协助制定国家发展规划，包括大规模基础设施建设、离岸金融中心建设等；当然旅游业仍保持重要地位。显然，对于国家和城市发展，"规划"比"定位"概念更严谨。

国家和城市也会做宣传，但通常有阶段性任务或热点，和品牌的认知聚焦并不相同。当然，运用外部思维和心智规律也可以对宣传信息做出改善，但这时定位理论就变身为传播学，只改变信息不改变事实，且未必能胜过专业传播学。此外，外部思维也不是定位理论的独门兵器，在其他领域外部思维被称为顾客思维、用户思维、换位思考等。

那么，用定位理论做"人生定位"又如何呢？不是不可以，但不要无意间混淆"定位"与"战略"概念，而且要运用升级定位理论。首先得把"人生"看作"特殊企业"，再用战略二分法把这个"特殊企业"的战略分为"人生战略"和"个人品牌战略"，可以用单品牌战略，也可以用多品牌战略，然后根据品牌谈定位。一个人的真名是面向亲友圈的品牌；笔名、艺名、网名则是面向市场或其他圈子的品牌，各自有其定位和配称。

对定位理论的误解

谈起对定位理论的误解，莫过于对"认知大于事实"这个观点的误解了。"认知大于事实"这个表述本身有缺陷，它不够明确,却有点不明觉厉的气势,每个人都可以望文生义,于是有人把它发挥成了"只有认知,没有事实",让潜在受众以为定位是关于如何忽悠顾客的理论。

你能理解"水大于空气"是什么意思吗?但如果改成"水的密度大于空气"呢?好的理论就是要主动明确化,不能学算命大师那样,对三个赶考秀才举起一个手指,事后可以解释为"一起上榜""一起落榜""一个上榜""一个落榜",准是准了,但没什么用处。

"认知大于事实"的准确表述是:"认知对行为的影响大于事实对行为的影响"。如果事实还没有被认知到,那对行为的影响是零。比如家里着火了但你不知道,你的行为就不会因家里着火而改变;反之,物业打电话误报你家着火了,你的行为也会被误报改变。因此,即使是对事实的错误认知,在被推翻之前,依然可以影响行为。比如蕨菜在被认为具有抗癌功效时身价倍增,但被发现其实是致癌物后则一落千丈。

经济学指出,了解特定事实的信息费用会随着时间推移而下降,因此品牌必须构建与定位一致的事实特别是专用配称(包括差异化的产品),才能长久支撑差异化定位。品牌定位是潜在顾客选择你的主要理由,但老顾客是否会继续选择你或成为你的口碑,则更多取决于老顾客通过产品体验而认知到的事实。

另一种常见误解是"定位理论只在某个时代或某种市场环境

下有效"。比如，很多人认为定位理论是工业时代的理论，在互联网时代就失效了，定位圈内部也有人认为定位理论生效的前提是"大竞争时代"或"同质化竞争环境"。其实，定位理论的有效性源于心智规律，只要心智规律还有效，定位理论就有效。互联网改变的只是配称所涉及的技术手段，特别是沟通手段；竞争环境改变的只是定位和配称的难度，二者都没有让心智规律失效。

那么，心智规律会失效吗？确实有可能。"基因编辑"和"脑机接口"两大黑科技，有可能从生理基础和心智容量这两方面改变心智规律，但真要达到对现实产生不可忽视的实际影响，还有技术和伦理的"千山万水"需要跨越，所以现在还不需要担心。

多元思维模型

在《穷查理宝典》一书中，查理·芒格反复强调"多元思维模型"，就是整合众多重要学科的思维方式及其主要成果形成的复合思维模式。升级定位理论就从众多学科中吸取养料，包括经济学、心理学、管理学、精益创业、商业模式、传播学、创新理论、企业生命周期、进化论、非定位派的战略理论，等等。即便结合了多元学科，升级后的定位理论依然只是企业经营者所需的多元思维模型中的一门学科，绝不能代替多元思维模型。

培养多元思维模型，离不开广泛阅读；但人的时间精力有限，所以选书成为提高效率的关键。那么，什么样的书值得读？我自己选书的标准是：在内容主线上模糊概念，模糊推理的书不值得读，鼓吹"运用之妙，存乎一心""大道至简"的书也不值得读。

"运用之妙，存乎一心"表明理论还不够完善，缺乏足够可用的概念或者概念定义不够明确。缺乏足够可用的概念，细节刻画就难以精确，就会"经验中有，表达中无"，于是显得"存乎一心"。模糊概念，模糊推理，当然得不出有效结论；真得出有效结论了，除了运气，多半是靠"自用型理论"得出答案，再用"宣传型理论"做包装。"自用型理论"和"宣传型理论"是清华大学赵南元教授对理论的划分：自己用的理论是自用型理论，讲给别人听的是宣传型理论。

"大道"如果存在，那也绝不会"至简"。科学方法就是对事物进行分类、分析，所以每个领域都有精深、具体的知识，只有"理论深入"才能够"结论浅出"；"大道至简"不过是掌握了复杂性后的感慨。也不要拿"综合"来反驳，在科学中，"综合"也是一种专业方法，比如进化论、系统论；又比如经济学，也是既综合又专业的理论，有一种说法叫"经济学帝国主义"，说经济学将要统治所有的社会科学。

经济学也绝非大道至简。如果你认为经济学简单，要不你是天才，要不你学的是假的经济学。如果只能推荐一本社会科学的书籍，那我会推荐张五常教授的《经济解释》。但在我推荐后去读《经济解释》的朋友大都反馈太难了，这就带出了培养多元思维模型时的另一个技巧：如果学不进去重要学科怎么办？

学不进去某本书，并不代表你和该学科无缘，只能说明你需要找个梯子。那些读不进去《经济解释》的朋友，在我的推荐下先读了李俊慧的《经济学讲义》后，大多给出了正面反馈。要是你读不进丹尼尔·卡尼曼的《思考，快与慢》，可以先读西奥迪尼的《影响力》以及丹·艾瑞里的《怪诞行为学》。

培养多元思维模型，还有阅读的深度和广度互为代价的问题。在同等时间约束下，"书读百遍"可能不如"书读百本"，而"书读百本"可能不如"书读 50 本，有些读 5 遍"，这背后隐含着经济学的边际产出递减定律以及特定范围内的边际产出递增。

■■■ **本章小结** ■■■

任何一种理论都应当明确自己的能力边界，这样才能够在界内"称王"。定位理论是关于品牌战略和企业战略的理论，不适用于"国家定位""城市定位"。定位理论中的"认知大于事实",准确含义是"认知对行为的影响大于事实对行为的影响"。长期看,品牌必须构建与定位一致的事实,实现认知与事实的统一。定位理论的有效性源于心智规律的有效性,在互联网时代定位理论并未失效。定位理论需要与多元学科协作,才能有效指导企业的全部运营活动。

后记

升级定位的经济解释

地质学家已经提议把我们现在所处的地质年代叫作"人类纪",因为人类活动已经产生了全面而显著的地质影响。如果人类现在灭亡了,千百万年后可能外星人会来到地球进行考古发掘,人类纪将会在地质记录中清晰可辨。

人类能够获得巨大的力量,根本原因在于"认知进步",而且认知进步没有止境。这种没有止境的认知进步,主要是科学的进步;科学是关于不同现象之间因果关系的理论;科学方法则是发现、验证因果关系的有效方法。

我们已经见证了并时刻受益于自然科学的巨大成就,但人类在社会科学领域取得的成就还远远不能和自然科学相提并论。这是因为在社会科学领域难以进行受控实验，而且真正困难的是人的行为不仅取决于当下的环境，还取决于他的思想，而他的思想又取决于他的经历，他的经历又与整个人类的经历交织在一起。因此，即使我们发现了人类行为的方程式，要推断人的行为，也会面临获取参数的困难，这个困难就是信息费用。

交易费用是现代经济学的核心，信息费用又是交易费用的核心，甚至有经济学家认为一切交易费用都可以归结为信息费用。这种大一统级别的抽象概念极具美感，但我们必须将信息费用有效分类才可以有效运用。分类之后，把某子类层级提高，也是一种实用方法。我在做商业模式设计时就习惯于把交易费用分成信息费用和激励费用（或产权费用）两大类，各自还可以进一步分析。

定位理论可以说是一种商用的信息费用理论，升级定位理论将这个视角加以发展，建立了相应的概念体系。概念体系是理论的脚手架，没有脚手架就很难建立高楼。

品牌的保障价值降低了企业与顾客间的信息费用，品牌的彰显价值降低了顾客与其他人之间的信息费用。

品牌三问的答案都对应着信息费用的降低。"品类"是顾客心目中的分类，分类极大地降低了顾客认识世界的信息费用。

"特性"就是顾客看重的某种质量，张五常教授在阐释需求定律时，指出了商品的"多质"现象，"质"即"特性"；其中"市场特性"是一种间接的质量信息。"信任状"则是给顾客提供判断质量的证据信息。

品类命名、品牌起名均着眼于降低顾客信息费用和品牌传播费用，品牌商业模式则着眼于全面降低交易费用。合约经济学知识在这里可以大展拳脚。

品类三界概念则进一步深入研究顾客决策所涉及的不同品类，以及这些品类各自面临和处理的不同交易费用。产品品类主要处理质量相关的交易费用，渠道品类则要处理比价、便利性等交易费用，导购品类主要处理信息费用。

品牌战略五阶段论主要处理品牌成长不同阶段的交易费用，其中战略原点期的一个额外任务是降低企业家发现真实市场需求的信息费用，引入了精益创业方法论。

升级定位理论对经济学的运用还有不少，有兴趣的读者可以自行发掘，并另出机杼。快刀何、记豪就在升级定位基础上做出了定位公关、视觉竞争方面的理论发展。定位理论在中国有大兴之势，其理论和实践已经形成了良性循环。

本书在出版之前已经做了几年准备，但我始终自觉不满意，最终在 MVP 方法论的指引下，以及"科学创业"的众多外力推动下，我将本书作为一件"最小化可行产品"推出。希望其中的不完善和缺憾之处能得到读者反馈，以便在后续版本中改进。

本书得以最终出版，首先要感谢高维学堂、创业黑马提供的创业培训讲台，让我在与创业者的深度连接中对升级定位理论持续迭代完善。其次要感谢笔记侠和高维学堂一起推动我创作《升级定位24讲》音频课程，让升级定位理论从脑中知识和PPT讲稿变成了系统化的语言表达，成了本书的初步文稿。再次要感谢创业黑马的冯莎莎和高维学堂的丁芹伟对本书出版所做的推动和编辑等支持。最后要感谢华章编辑团队对本书的严格审核，对书中使用的案例和数据进行了大量考证，让本书变得更加严谨。

精益思想丛书

ISBN	书名	作者
978-7-111-49467-6	改变世界的机器：精益生产之道	詹姆斯 P. 沃麦克 等
978-7-111-51071-0	精益思想（白金版）	詹姆斯 P. 沃麦克 等
978-7-111-54695-5	精益服务解决方案：公司与顾客共创价值与财富（白金版）	詹姆斯 P. 沃麦克 等
7-111-20316-X	精益之道	约翰·德鲁 等
978-7-111-55756-2	六西格玛管理法：世界顶级企业追求卓越之道（原书第2版）	彼得 S. 潘迪 等
978-7-111-51070-3	金矿：精益管理 挖掘利润（珍藏版）	迈克尔·伯乐 等
978-7-111-51073-4	金矿Ⅱ:精益管理者的成长（珍藏版）	迈克尔·伯乐 等
978-7-111-50340-8	金矿Ⅲ：精益领导者的软实力	迈克尔·伯乐 等
978-7-111-51269-1	丰田生产的会计思维	田中正知
978-7-111-52372-7	丰田模式：精益制造的14项管理原则（珍藏版）	杰弗瑞·莱克
978-7-111-54563-7	学习型管理：培养领导团队的A3管理方法（珍藏版）	约翰·舒克 等
978-7-111-55404-2	学习观察：通过价值流图创造价值、消除浪费（珍藏版）	迈克·鲁斯 等
978-7-111-54395-4	现场改善：低成本管理方法的常识（原书第2版）（珍藏版）	今井正明
978-7-111-55938-2	改善（珍藏版）	今井正明
978-7-111-54933-8	大野耐一的现场管理（白金版）	大野耐一
978-7-111-53100-5	丰田模式（实践手册篇）：实施丰田4P的实践指南	杰弗瑞·莱克 等
978-7-111-53034-3	丰田人才精益模式	杰弗瑞·莱克 等
978-7-111-52808-1	丰田文化：复制丰田DNA的核心关键（珍藏版）	杰弗瑞·莱克 等
978-7-111-53172-2	精益工具箱（原书第4版）	约翰·比切诺等
978-7-111-32490-4	丰田套路：转变我们对领导力与管理的认知	迈克·鲁斯
978-7-111-58573-2	精益医院：世界最佳医院管理实践（原书第3版）	马克·格雷班
978-7-111-46607-9	精益医疗实践：用价值流创建患者期待的服务体验	朱迪·沃思 等

科特勒新营销系列

书号	书名	定价	作者
978-7-111-71337-1	营销革命5.0：以人为本的技术	69.00	(美) 菲利普·科特勒
978-7-111-66272-3	什么是营销	69.00	曹虎 王赛 科特勒咨询集团(中国)
978-7-111-62454-7	菲利普·科特勒传:世界皆营销	69.00	(美) 菲利普·科特勒
978-7-111-63264-1	米尔顿·科特勒传:奋斗或死亡	79.00	(美) 菲利普·科特勒
978-7-111-58599-2	营销革命4.0:从传统到数字	45.00	(美) 菲利普·科特勒
978-7-111-61974-1	营销革命3.0:从价值到值观的营销(轻携版)	59.00	(美) 菲利普·科特勒
978-7-111-61739-6	水平营销:突破性创意的探寻法(轻携版)	59.00	(美) 菲利普·科特勒
978-7-111-55638-1	数字时代的营销战略	99.00	(美) 艾拉·考夫曼 (中) 曹虎 王赛 乔林
978-7-111-66381-2	社交媒体营销实践指南(原书第3版)	69.00	(德) 马克·奥弗· (美) 菲利普·科特勒 (丹) 斯文德·霍伦森

定位经典丛书

序号	ISBN	书名	作者
1	978-7-111-57797-3	定位（经典重译版）	（美）艾·里斯、杰克·特劳特
2	978-7-111-57823-9	商战（经典重译版）	（美）艾·里斯、杰克·特劳特
3	978-7-111-32672-4	简单的力量	（美）杰克·特劳特、史蒂夫·里夫金
4	978-7-111-32734-9	什么是战略	（美）杰克·特劳特
5	978-7-111-57995-3	显而易见（经典重译版）	（美）杰克·特劳特
6	978-7-111-57825-3	重新定位（经典重译版）	（美）杰克·特劳特、史蒂夫·里夫金
7	978-7-111-34814-6	与众不同（珍藏版）	（美）杰克·特劳特、史蒂夫·里夫金
8	978-7-111-57824-6	特劳特营销十要	（美）杰克·特劳特
9	978-7-111-35368-3	大品牌大问题	（美）杰克·特劳特
10	978-7-111-35558-8	人生定位	（美）艾·里斯、杰克·特劳特
11	978-7-111-57822-2	营销革命（经典重译版）	（美）艾·里斯、杰克·特劳特
12	978-7-111-35676-9	2小时品牌素养（第3版）	邓德隆
13	978-7-111-66563-2	视觉锤（珍藏版）	（美）劳拉·里斯
14	978-7-111-43424-5	品牌22律	（美）艾·里斯、劳拉·里斯
15	978-7-111-43434-4	董事会里的战争	（美）艾·里斯、劳拉·里斯
16	978-7-111-43474-0	22条商规	（美）艾·里斯、杰克·特劳特
17	978-7-111-44657-6	聚焦	（美）艾·里斯
18	978-7-111-44364-3	品牌的起源	（美）艾·里斯、劳拉·里斯
19	978-7-111-44189-2	互联网商规11条	（美）艾·里斯、劳拉·里斯
20	978-7-111-43706-2	广告的没落 公关的崛起	（美）艾·里斯、劳拉·里斯
21	978-7-111-56830-8	品类战略（十周年实践版）	张云、王刚
22	978-7-111-62451-6	21世纪的定位：定位之父重新定义"定位"	（美）艾·里斯、劳拉·里斯　张云
23	978-7-111-71769-0	品类创新：成为第一的终极战略	张云